6100.

Ld⁴⁴₅

LE MIROIR DE LA CHARITÉ CHRESTIENNE.

Ov

Relation du voyage que les Religieux de l'Ordre de Nôtre Dame de la Mercy du Royaume de France ont fait l'année derniere 1662. en la ville d'Alger, d'où ils ont ramené enuiron vne centaine de Chrétiens esclaues.

Ouurage composé par l'vn des Peres Redempteurs du mesme Ordre.

A AIX,
Chez Iean Baptiste & Estienne Roize Imprimeurs du Roy & de l'Vniuersité.
MDCLXIII.

RAPPORT
DE LA CHARITÉ
CHRÉTIENNE

*****

Rédigé par un certain nombre des Révé-
rends P.P. de la Très Ste Dame
de Mercy, du P. Evesque de
Fraque, pendant l'année der-
nière, où la ville de Nîmes étoit
ils ont tant de zèle qu'on a vu exer-
cise de Chrestiens frères.

Ouvrage composé par l'un de
Pères Rédempteurs de
ce même Ordre.

À AIX.
Chez Jean Mabille & Étienne Roize,
Imprimeurs du Roy & de l'Université.
M. DCC. XLII.

A MONSEIGNEVR
L'Eminentissime Cardinal
GRIMALDI
Archeuesque d'Aix.

MONSEIGNEVR,

Il y en aura sans doute d'assez hardis pour taxer de temerité les Religieux de l'Ordre de la Mercy, d'auoir bien ozé dedier à Vôtre Eminence vn Liuret, qui n'est qu'vne simple rela-

ã 2

tion d'vn petit voyage fait tout recemment en la Côte de Barbarie par les Religieux du mesme Ordre: mais il se trouuera d'autre part des hommes plus éclairés, qui approuueront le proceaé des mesmes Religieux; & qui tout bien consideré iugeront qu'ils ne pouuoient mieux réüssir qu'en presentant à Vôtre Eminence ce Cayer, qui fait foy des diligences qu'ils apportent pour la liberté des pauures Chrétiens esclaues.

La lecture de cet Ouurage, qui porte pour titre Le Miroir de la Charité Chrétienne, peut sans doute estre vtile à tous les Chrétiens, qui par les obligations contractées au Baptesme sont tenus aux exercices de charité, & specialement enuers leurs freres captifs. Mais ce miroir de la charité la plus éminente, & la plus heroïque, dont on fasse profession dans l'Eglise, ne peut estre plus iustement presenté qu'à vn Eminentissime Cardinal, qui par tous les emplois dont il s'est tres dignement acquitté dans la Cour de Rome, & en celle de France, a fait connoître à tout l'vniuers qu'il égale les

Cherubins en science, & les Seraphins en amour de Dieu, & en charité enuers le prochain.

Toutes les actions de Vôtre Eminence durant le temps qu'Elle a fait les fonctions de Nonce Apostolique dans ce Royaume, n'ont-elles pas été des marques sensibles de sa tres-haute prudence, & de sa charité surhumaine? Tout ce que Vôtre Eminence a negocié depuis etant prez de la personne du Vicaire de Iesus-Christ en terre, n'a-t'il pas fait connoître à vn chacun que vôtre vie est vn Miroir lumineux & ardant de Charité? Tous ces beaux Reglemens qui s'obseruent si ponctuellement dans toute l'étenduë de vôtre Archeuêché, sont autant de voix qui crient hautement, qu'aucune lumiere de l'Eglise ne pouuoit éclairer ce Diocese auec plus d'auantage que fait Vôtre Eminence, qui ne se contentant pas de dissiper les tenebres des ames qui luy sont commises par Iesus-Christ nostre souuerain Pasteur, & Euesque, secourt extraordinairement les personnes qui ont quelque disette, & donne liberté à tous les necessiteux de venir chercher auprez d'Elle le remede à leurs besoins.

Cette même charité qui enflamme vôtre cœur, le presse d'avoir compassion de vos pauvres Diocesains absens, qui gemissent chargez de fers dans les prisons de la Barbarie, & sous la cruelle tyrannie des Mahometans: de sorte que Vostre Eminence donnant aux autres Prelats vn bel exemple digne d'imitation, ordonne que sans relâche les Mandemens soient expediez, necessaires afin d'amasser d'amasser des aumônes pour la Redemption. Et lors que ces pauures membres de Iesus Christ ayans esté mis en liberté, & amenez des villes de Tripoly, Tunis, & Alger, sont conduits à vostre Palais, alors Vostre Eminence par ses demonstrations de ioye pour ces riches conquestes, qui n'ont pas moins coûté à Iesus-Christ que son Sang & sa vie, declare quel état Elle fait de l'affranchissement de ces oüailles qui estoient égarées dans la seruitude, & des Religieux qui au peril de leur vie les ont rachetez, & ramenez dans vostre bercail.

Outre cette raison fort puissante, il y en a vne seconde de tres-grand poids, qui nous a obligez d'offrir à Vôtre Eminence ce Miroir de la Charité : c'est que les Prelats ayans vne étroite & indispensable obligation de pourvoir comme Peres spirituels au rachat de leurs enfans reduits dans la malheureuse condition d'esclaues, les Souuerains Pontifes qui ont destiné diuers Officiers pour soulager les Archeuêques & Euesques en l'execution de leurs ministeres, ont aussi deputé les Religieux de l'Ordre de la Mercy, pour seconder les Prelats, & les aider au rachat de leurs enfans captifs, afin que ce que ces Princes de l'Eglise ne peuuent accomplir par eux-mesmes touchant la deliurance des personnes qui sont soûmises à leur Iurisdiction, à cause de la necessité qu'ils ont de demeurer dans leurs Dioceses, cela soit suppleé par les soins charitables des Religieux de la Mercy.

C'est pourquoy quelques-vns des nôtres s'estans depuis quelques semaines acquitez de cette Mission pour retirer de la gueule des loups plusieurs agneaux appartenans à diuers Pasteurs & Prelats de l'Eglise Gallicane; & ayans employé en ce pieux trafic, non seulement les aumônes reçeuës, mais encore d'autres sommes assez considerables, que la Charité les a obligez d'emprunter, ce Miroir de Charité est presenté à Vostre Eminence, afin qu'Elle, auec les autres Prelats du Clergé de France, soit deuëment informée de la maniere d'agir de nos Peres Redempteurs, qui en ce ministere du rachat des pauures Chrétiens esclaues n'ont que des peines à essuyer, des trauaux à soufrir, des dangers, & la mort mesme à affronter : mais tout cela leur est doux, puis-qu'ils y rencontrent la gloire de Dieu, l'honneur de IESVS, la deliurance des enfans de l'Eglise qui étoient dans l'oppression des Barbares, & que par leur entremise quantité de Prelats satisfont à vne partie de leurs obligations.

Vous & eux (MONSEIGNEVR) voudriez vous pouuoir pour vn temps separer corporellement de vos Eglises, & sortir de l'Europe pour aller visiter dans l'Affrique IESVS soufrant des affrons, & de cruels tourmens dans les personnes de vos pauures enfans esclaues: mais la plus grande vtilité de vos Eglises ne permet pas, ny que Vôtre Eminence, ny que leurs grandeurs quittent les nonante-neuf brebis en France pour aller chercher la centiéme dans la Barbarie. C'est pourquoy par l'ordre du Souuerain Pontife fondé sur vne reuelation tres-authentique, & sur le commandement de la tres-sainte Vierge declarant le bon plaisir de son Fils, & par le consentement vnanime de tous les Prelats, & conformement à la volonté du Roy de Frante, & des autres Princes Chrétiens, les Religieux de l'Ordre de la Mercy, depuis plus de quatre cens quarante années sont occupés à ce sublime exercice de Charité.

Cet Ordre de Redempteurs presente donc à Vôtre Eminence ce Miroir de la Charité Chrétienne, & luy demande auec humilité qu'Elle veüille agréer ce petit Ouurage, qui sans la protection d'vn si puissant deffenseur, n'ozeroit pas paroître au iour, puis-que vôtre Pourpre est teinte du Sang de Iesus-Christ, & qu'elle marque le feu de vôtre amour pour IESVS, & pour les enfans de l'Eglise sa chere Epouse, qui sont captifs. Plaise à Vôtre Eminence de continuër ses soins pour leur rachat, & sa tendresse enuers les Religieux de la Mercy, obligés par vœu solemnel de vacquer à la redemption de ces miserables, & par tant de titres, de faire vn adueu public, qu'ils sont de Vôtre Eminence,

MONSEIGNEVR,

Les tres-humbles & obeïssans seruiteurs, les Religieux de l'Ordre de Nostre Dame de la Mercy de la Redemption des Captifs.

APPROBATION.

LE Liure intitulé, *Le Miroir de la Charité Chrestienne*, que nous auons leu, & en partie corrigé, ne contient rien de contraire à la Foy Chrétienne, ains beaucoup de choses vtiles à la pieté & deuotion des fidelles. A Aix ce 4. Mars 1663.

PONCY, premier Professeur Royal en Theologie en l'Vniuersité d'Aix.

ATTESTATION.

NOus Docteur en Sainte Theologie, attestons que le present Liure intitulé, *Le Miroir de la Charité Chrestienne*, ne contient rien de contraire à la Foy Catholique, Apostolique & Romaine. A Aix ce 5 Mars 1663.

PHILIPE.

PERMISSION.

Nous Vicaire general & Official de Monseigneur l'Eminentissime Cardinal Grimaldi Archeuesque d'Aix, Veu les approbations cy-dessus, permettons l'impression de ce Liure composé par vn des Peres Redempteurs de l'Ordre de la Mercy Redemption des Captifs, contenant la relation de leur voyage en Alger. A Aix ce 5. Mars 1663.

DV CHAINE Vic. gen.

TABLE DES CHAPITRES
du Miroir de la charité Chrétienne, ou de la relation du voyage des Peres de la Mercy de France en la ville d'Alger.

CHAPITRE I.

DE l'institution de l'Ordre de Nostre Dame de la Mercy Redemption des Captifs. La reuelation faite par la Sainte Vierge à trois illustres personnes. Le vœu de demeurer en ôtage au pouuoir des infideles pour le rachat des Catholiques, se fait par les seuls Religieux de la Mercy.
pag. 3.

TABLE

CHAPITRE II.

De la maniere d'élire les Redempteurs dans l'Ordre de la Mercy, des frequentes Redemptions faites par ces Religieux, & de quelques Redempteurs qui recemment sont demeurez en ôtage dans la Barbarie.
Les saints Redempteurs de leur Ordre, qui les ont precedés, p. 14.

CHAPITRE III.

Les preparatifs pour le départ de la redemption de 1662. & du delay qui y fut apporté.
Toutes les diligences & precautions que les Peres de la Mercy ont accoûtumé d'apporter deuant que s'embarquer, page 25.

TABLE.

CHAP. IV.

Du passage des Religieux de France en Barbarie.
Reflexion Chrétienne sur les trois tours de leur nauigation, p. 34.

CHAP. V.

De l'entrée des Peres Redempteurs de la Mercy dans la ville d'Alger. Description du lieu où ils presentent leur argent au Gouuerneur, La disette presque extreme, & le déplorable équipage auec lequel plusieurs Religieux esclaues abordent les Peres Redempteurs, page 42.

CHAP. VI.

De la visite que les Peres font de leur Religieux demeuré en ôtage, & du grand concours de toutes

TABLE

fortes d'esclaues, qui viennent crier misericorde, & demander que l'on les retire de l'esclauage. Les raisons qu'ils apportent pour exciter les Peres à compassion enuers eux. page 56.

CHAP. VII.

Visite des Religieux esclaues, des Baignes, & des Hôpitaux.
Description des Baignes.
L'employ des Religieux esclaues, page 63.

CHAP. VIII.

Les Peres Redempteurs ayans receu les sept esclaues forcez, payent leur rançon, & refusent de condescendre à la pressante priere que leur fait vn des grands de la doüane. page 68.

TABLE.

CHAP. IX.

De quelle maniere s'achettent les esclaues dans la ville d'Alger. Plusieurs choses dignes de remarque touchant tels achats. p. 75.

CHAP. X.

D'vne rude persecution qui s'éleue contre l'Eglise en la ville d'Alger.

Quelles Chapelles il y a en Alger, & qui les gouuerne.

Les mauuais traittemens que les Mahometans font aux Religieux captifs. page 83.

CHAP. XI.

Les Peres Redempteurs auancent le rachat des esclaues. page 96.

CHAP. XII.

Les Peres trouuent occasion de faire

TABLE.

du bien à plusieurs, quoy qu'ils ne concluent point leur rachat.

Loüable industrie de plusieurs esclaues, qui payent la Lune à leurs Patrons, pour éuiter les mauuais traittemens. page 102.

CHAP. XIII.

De la difficulté que les Peres souffrent à cause que le President ou Gouuerneur de la ville chancelle, & ne tient pas ferme dans la parole donnée pour les portes, & droits de la sortie des esclaues, & du danger de la perte de leur argent, dont Dieu les preserue.

Les enfans inquietent les Peres allans par la ville, & on leur rapporte que quelqu'vn a resolu de tuër l'vn des trois. page 107.

CHAP.

TABLE.

CHAP. XIV.

Les Peres ayans fait plusieurs rachats, & entr'autres d'vn Grec de nation, plusieurs particuliers leur mirent en main leurs deniers, afin qu'ils ménageassent leur rachat.

Plusieurs choses curieuses touchant ce Grec.

Témoignage d'vn homme digne de foy, que si les rachats étoient faits par les seuls Peres Redempteurs on retireroit les esclaues à meilleur marché.   page 115.

CHAP. XV.

Des premiers empruns que font les Peres Redempteurs, & comme ils disposent tout pour leur départ, donnant ordre specialement que tous les esclaues rachettez re-

TABLE.

çeuſſent les Sacremens, & gaignaſſent les Indulgences.

Les prieres de Quarante-Heures dans vne des Chapelles d'Alger. page 124.

CHAP. XVI.

De l'auanie ou obligation que Chaban Aga Gouuerneur de la ville impoſe aux Peres Redempteurs, bien que reduits alors à vne grande diſette, de rachetter deux eſclaues au profit de la doüane. page 128.

CHAP. XVII.

Les Peres reçoiuent ordre de differer leur dépars de quinze iours, & pour obuier à la cheute de quelque Chrétien chancellant, & ſatisfaire quelques Officiers, & nourrir leur famille groſſie de

TABLE.

beaucoup, ils font de nouueaux empruns.

Si les Peres n'eussent esté secourus par des Marchands François, vn des trois Religieux auoit obligation de demeurer en ôtage. page 134.

CHAP. XVIII.

De l'embarquement des Peres à la sortie de la ville d'Alger.

Tous les esclaues rachettez paroissent à la maison du Roy deuant le Conseil du Diuan.

Ceremonie qui s'obserue afin qu'aucun des esclaues qui ne sont pas rachettez ne se puisse confusement embarquer auec les autres.

Catalogue des esclaues Chrétiens rachettez l'an 1662. au mois d'Oct. en la ville d'Alger en Barbarie par les Peres de la Mercy du

TABLE.

Royaume de France, partis pour s'acquitter de leur quatriéme vœu solemnel, de leurs Conuens des villes de Paris & de Bordeaux. page 143.

Noms des autres esclaues, desquels les mesmes Peres de la Mercy de France en leur presente redemption de 1662. ont seulement facilité & procuré le rachat à meilleur marché, satisfaisant leurs Patrons, & les acquittant du droit des portes au même prix qu'ils payent pour leurs esclaues, & auançant pour les deux derniers des sommes considerables, qui font partie des six mil liures dont ils se sont engagez pour suruenir aux besoins extrêmes de plusieurs Chrétiens qui courroient risque de leur salut. page 159.

TABLE.

CHAP. XIX.

Du traict depuis la ville d'Alger iusques à celle de Barcelone, & de deux dangers desquels Dieu preserue les Peres Redempteurs. Vn Vaisseau Corsaire donne la chasse à la barque de la Redemption. Vn Meteore nommé Sielon donne de l'épouuante à toute la compagnie. page 162.

CHAP. XX.

De la descente des Peres Redempteurs auec leur compagnie dans la ville de Barcelone : Et de la suite de leur voyage iusques à Colioures.
Les Peres Redempteurs vsans du priuilege de leur Ordre celebrent la Messe dans l'Eglise interdite de Lansac en Catalogne. p. 171.

TABLE.

CHAP. XXI.

Continuation du voyage des Religieux iusques à Montpellier, d'où plusieurs captifs furent conduits par le Reuerend Pere Recaudon & le Frere du Cot iusques à Toloze & Bordeaux, & le Pere Auury se retira en Prouence, où quelques Chrétiens vinrent faire Procession.

Permission de Monsieur le Vicaire general de Montpellier pour l'impression du catalogue des esclaues cy-deuant nommez.

Certificat de Messieurs les Consuls de Montpellier.

Raisons pour lesquelles les Chrétiens rachettez par les Peres de la Mercy n'ont pas fait de Procession dans la ville de Paris. page 183.

TABLE.

Seconde partie.

CHAP. XXII.

Des notables aduantages que reçoiuent ceux qui contribuënt de leurs biens, & font des aumônes pour le rachat de leurs freres Chrétiens arrétez dans l'esclauage.

Les grandes Indulgences que gaignent ceux qui durant leur vie, ou à la mort, font des liberalités pour le rachat des esclaues.

Belles paroles du Pape Alexandre IV. pour louër la profession & l'employ des Religieux de l'Ordre de la Mercy, & exhorter à secourir les Captifs.

Tres remarquable sentence de Saint Ambroise, voulant que l'on vende

TABLE.

ce qu'il y a de plus riche dans les Eglises, & qu'on aliene leurs reuenus pour le rachat des esclaues, nam ornatus Sacramentorum redemptio captiuorum est.

Benedictions que le Pape Alexandre IV. donne à tous ceux qui par leurs aumônes, prieres, soins & trauaux, contribuent à la sainte entreprise du rachat des Chretiens captifs. page 193.

Catalogue des esclaues rachettez l'an 1644. dans la ville d'Alger par les Religieux de la Mercy de France, extrait du recit veritable de cette redemption, qui fut imprimé à Aix, auec la permission de Monsieur le Vicaire general, où il est remarqué qu'apres cette redemption les Religieux de la Mercy de France étoient engagés de 13712. piastr. & demie. *Autre*

TABLE.

Autre Catalogue des esclaues rachettez en Alger par les Religieux de la Mercy de France en Decembre 1655. dont Monseign. Estienne de Puget Euesque de Marseille reconnut la verité, & en permit l'impression.

Autre liste des esclaues qui depuis la derniere redemption generale ont esté retirez des villes d'Alger, Tripoly, & autres, par les soins & des aumônes des Religieux de la Mercy de France, deuant la presente redemption de l'année 1662. comme il paroit par les actes retirez d'Alger, de Tripoly, &c. page 214.

Suite de la mesme relation.

Où il est succinctement traitté de plusieurs choses curieuses concer-

TABLE.

nantes le gouuernement, la milice, & la Religion des habitans d'Alger.

CHAP. XXIII.

De l'antiquité d'Alger, des attaques qu'elle a euës, de diuers changemens qui y sont arriuez, & du gouuernement qui y est à present.

Ses deux derniers Gouuerneurs ont esté assassinez, Chaban Aga renié Portuguais leur a succedé, il exerce son autorité à l'exclusion du Bascha ou Viceroy qui demeure enfermé, & ne prend connoissance d'aucune chose.   page 233.

CHAP. XXIV.

Legere description de la ville d'Alger, & de son terroir.

Quelles sont ses six portes, ses huit

TABLE.

forteresses, ses maisons, ruës, Casseries, Mosquées.
De l'Alcassane, de l'industrie pour bâtir le Chasteau de la Marine, & des villages des Mores que l'on transporte, d'vn lieu à vn autre.   page 245.

CHAP. XXV.

De la milice & du Conseil d'Estat d'Alger, auec le dénombrement de tous ses Officiers.

Des apointemens des soldats, & de la maniere auec laquelle ils leuent les tailles les armes en main.

De quelle façon se tient le Conseil en Alger, du mauuais traitement fait à vn Aga chef du Conseil, & de la punition des filles & femmes déreglées.   page 261.

TABLE.

CHAP. XXVI.

De la Religion des habitans d'Alger.

De leur creance, prieres & ceremonies, & des Marabous, qui sont leurs Prestres & Religieux.

Chez les Turcs il n'y a point de cloches, mais par des cris épouuantables on les appelle à la Sala ou priere; ces abandonnés pour imiter les Chretiens se seruent de Chapellets, & gardent à leur mode vn certain Ramadan, ou Carême.

Le stile de la carte franche pour mettre en liberté vn esclaue.

Les ceremonies qu'obseruent les Chrétiens & les Iuifs lors qu'ils renient.

Conclusion de tout l'ouurage par

TABLE.

l'exhortation de Saint Rambert, de ne rien épargner pour sauuer les pauures esclaues, qui renonçans vne fois à leur Profession font vne perte presque irreparable. page 276.

ERRATA.

Page 15. ligne 19. lisez diuerses fois.
page 21. lig. 8. lisez quoy qu'en vain.
page 27. lig. 16 lisez Conuers Conuens.
page 4*. lig. 7. il a lisez il y a
page 73. lig. 21. d'ager lisez d'Alger.
page 82. lig. 22. les Peres agirent, lisez agissent.
page 177. lig. 15. éleue vne, lisez éleué sur vne
page 195. lig. 3. diserte, lisez disette.
page 197. lig. 24. d'iuiter, lisez d'imiter.
page 205. lig. 19. n'ont, lisez non.
page 290. lig. 3. sachent, lisez s'achetent.
page 234. lig. 14. euparauam, lisez auparauant.
page 241. lig. 8. humanité, lisez inhumanité.
page 243. lig. 14. concerterent, lisez decernerent
page 247. lig. 20. le transporte, lisez les transporte.
page 251. lig. 17. retiré lisez renié.
page 257. lig. 3. grasses, lisez grosses.
page 258. lig. 3. portoient, lisez porteroient.
page 270. lig. 6. il y a, lisez il a.
page 276. lig. 13. pronomination, lisez prononciation.

ADVIS AV LECTEVR.

ON s'étonnera peut-estre de ce que ie fais la relation d'vn si petit voyage que celuy de l'Affrique, où il ne se peut presque rencontrer aucune chose, d'où le Lecteur puisse tirer quelque instruction, ou receuoir aucune satisfaction : mais cet étonnement n'est pas capable de me détourner de mon entreprise ; car si plusieurs sçauent déja ce qui se passe dans la Côte de Barbarie, il y en a beaucoup d'autres qui n'en ont aucune conoissance, & qui par la lecture de cette relation, venant à se bien instruire des maux, & des tourmens que les pauures Chrétiens y souffrent, & des voyes que les Religieux de la Mercy prennent pour les soulager, compatiront aux miseres des vns ; & de leurs prieres & aumônes assisteront ces charitables redempteurs ;

A

& leur donneront moyen de pratiquer plus souuent ce commerce si recommandé aux fideles par les anciens Peres de l'Eglise. Ayant donc recemment tout épuisé le fonds que ma Religion m'auoit mis en main en faueur des pauures Captifs ; & ayant pour leur auantage contracté des debtes assez considerables, ie pretends encore leur estre vtile par cette Relation, & y exciter les Lecteurs à faire du bien, & distribuer des aumônes à ces Chrétiens languissans, qui empruntent ma plume pour faire connoître l'extreme besoin qu'ils ont d'estre secourus. Ayez pitié & compassion de nous, vous autres nos amis, parce que Dieu nous ayant reduit à l'esclauage, nous fait ressentir l'excez de sa colere, & la pesanteur de sa main.

MIROIR
De la Charité Chrétienne,
OV
Relation du Voyage fait en Alger l'année 1662. par les Religieux de l'Ordre de la Mercy, du Royaume de France.

Chapitre. I,

De l'Institution de l'Ordre de Nostre Dame de la Mercy Redemption des Captifs.

DIEV qui est infiniment bon ne permettroit pas qu'il arriuât du mal s'il n'étoit tout-puissant pour y apporter le remede, & s'il n'étoit assez sage pour des maux mesmes en tirer des biens tres-auantageux: c'est dans cette veuë que l'Eglise qualifie heureuse la coulpe de nos premiers parens, à cause qu'elle a donné occasion à la tres-sainte Trinité d'executer le decret de l'Incarnation du Verbe diuin. Aussi quoy que l'esclauage soit vn effet du peché, ou actuel, ou au moins originel, Dieu neantmoins ne permettroit pas que les hommes y tombassent, s'il ne preuoyoit les grands auantages, que les mesmes esclaues, ou les autres personnes en retirent ; & s'il n'auoit dessein d'enuoyer des redempteurs, qui procurassent de deliurer leurs freres de leurs miseres.

Dieu presque dans tous les siecles a fait voir au monde des redempteurs, qui ayans compassion de ceux qui souffroient l'esclauage, ont pris à tâche de les affranchir, *vinctos suos non despexit.*

Gen. 14.
Exod. 1.

Abraham, & Moyse dans la Loy de Nature, l'vn suiuant l'inspira-

Charité Chrestienne.

tion de Dieu, l'autre obeïssant à son commandement exprez, ont mis en liberté ceux qui étoient deuenus esclaues. Dans la Loy écrite plusieurs du peuple de Dieu étans tombez en punition de leurs pechez, sous la puissance de leurs ennemis, qui les traitoient en forçats, Dieu leur faisant misericorde, employa des hommes courageux tels qu'Othoniel, Aod, Gedeon, Iephte, Samson, &c. qui prenant les interests de ceux dont la captiuité leur étoit sensible, les rétablirent en leur premiere franchise, leur faisant secoüer le joug de ceux qui les oppressoient : & en la Loy de Grace, apres que le diuin Redempteur a racheté nos ames au prix de son sang ; plusieurs saints Euesques ne pouuans souffrir que leurs diocesains & enfans fussent esclaues des Payens, ou des Heretiques, ont tres-librement vendu iusques aux vases sacrez, qui seruoient au saint Sacrifice de la Messe, afin de faire

Iudic. 3. 4. 5. 6. 7. 11. &c.

sortir de l'esclauage des hommes, ceux qui par le Baptesme, & le Sacrement de Penitence, étoient entrez dans la liberté des enfans de Dieu. Et lors qu'ils ne pouuoient commodement échanger pour leurs oüailles, les meubles, & vtanciles de l'Eglise, ils tenoient à honneur de s'engager eux-mesmes, ainsi que pratiqua Saint Paulin Euesque de Nole, qui n'ayant dequoy retirer le fils d'vne veuue des mains des Vvandales, s'auisa de luy procurer la liberté, en se rendant soy-mesme esclaue en sa place.

Ores ce que ces saints Prelats ont autrefois assez rarement executé, & auec la loüange & l'admiration de tout l'Vniuers, Dieu dans ces derniers siecles l'a voulu rendre comme ordinaire, & tout commun dans son Eglise. Les persecutions des ennemis de nôtre Foy n'ont pas cessé par la suite des années; mais il semble qu'à mesure qu'on est allé en auant, la fureur & la rage des Mahomerans s'est plus échauffée contre les membres de Iesus-Christ. Sur tout vers l'année 1218. les Mores s'étans rendus maîtres d'vne grande partie de l'Espagne, & tenans pour esclaues des Chrétiens sans nombre, Dieu ayant pitié de tant de captifs, donna à son Eglise vn nouuel Ordre, qui ayant pour Chef le tres-deuot & charitable Pierre Nolasque Gentilhomme François, s'employât à racheter les esclaues Chrétiens, & dont les Religieux fissent vn quatriéme vœu solemnel de demeurer en ostage en cas de besoin, pour le rachapt des fideles Chrétiens en la puissance des Mahometans. Ie ne diray rien icy de ma teste; le principal de ce que tant d'Historiens de toutes sortes de Nations ont laissé à la posterité, touchant l'apparition de la tres-sainte Vierge en la ville de Barcelonne l'an 1218. au Roy Dom Iacques le I. d'Arragon, à

Saint Raymond de Rochefort, éminent en doctrine, & en pieté ; lequel entra depuis dans l'Ordre de Saint Dominique duquel il fut General, & à Saint Pierre Nolasque, Courtisan, & (comme ont dit quelques-vns) Gouuerneur du Roy ; tout cela, dis-je, est compris dans l'extrait que ie vay rapporter d'vne Bulle du Pape Clement VIII. de l'an 1601.

,, Pierre Nolasque, François de
,, Nation, Personnage comblé de
,, grandes richesses, & fort remar-
,, quable en pieté, ayant pour Con-
,, fesseur Saint Raymond de Roche-
,, fort (qui estoit fort enclin à se-
,, courir les pauures, & principale-
,, ment les esclaues Chrétiens gemis-
,, sans sous la cruelle seruitude des
,, Infidelles, & qui n'obmettoit rien
,, des choses qu'il estimoit pouuoir
,, seruir à leur deliurance, & qui étoit
,, persuadé qu'il falloit auoir d'autant
,, plus de soin de ces miserables, qu'ils
,, couroient plus grand risque d'abju-

charité Chreſtienne.

rer la Foy, & de perdre le ſalut éter-
nel) par l'aduis de ce ſaint Homme
employoit ſes biens & richeſſes fort
volontiers, & auec grande allegreſſe
pour nourrir les pauures, & ſur tout
pour retirer les Eſclaues des priſons,
& de la puiſſance des Barbares : &
Dieu qui eſt infiniment bon, agrea le
ſeruice qui venoit d'vn cœur ſi pieux,
& ſi liberal : car la nuit ſuiuante
le meſme Pierre Nolaſque penſant
dans ſa priere, & ſes meditations,
de quels expediens on ſe pourroit
ſeruir pour ſoulager les miſeres des
Chrétiens demeurans dans l'eſclauage, la Sainte Vierge Mere de
Dieu ſe preſenta, & ſe fit voir à
luy auec vn viſage tres-beau, & fort
gay, & l'aſſeura que ce luy ſeroit
vne choſe fort agreable, & à ſon
Fils vnique, ſi en ſon honneur on
inſtituoit vn Ordre qui prît vn ſoin
particulier de deliurer les Captifs de
la tyrannie des Turcs : & la meſme
nuict cette tres-ſainte Vierge s'apparut à Saint Raymond, & au Roy

d'Arragon Iacques I. donnant le
mesme aduertissement pour l'Institution de ces Religieux : c'est pourquoy ces trois Personnages s'étans
communiquez l'aduis qu'ils auoient
eu du Ciel, & se trouuans d'vn mesme sentiment, ils fonderent l'Ordre de Nostre Dame de la Mercy,
ou de la Misericorde, auquel Saint
Raymond prescriuit de certaines fa-
çons de viure, & Constitutions fort
propres à ceux qui sont appellez à
cette Religion, la confirmation desquelles il obtint peu d'années aprés
du Pape d'heureuse memoire Gre-
goire IX. & auec le Roy, & l'E-
uesque ayant reuêtu de l'habit Religieux Pierre Nolasque qui auoit
donné de bon cœur tous ses biens
à cet Ordre, il l'établit son premier General.

Dans les informations que l'E-
uesque de Barcelone nommé Arnal-
dus Burgus, fit de la vie & de la
mort de Saint Pierre Nolasque, &
qui furent enuoyées au Pape Ale-

xandre IV. pour servir à la canonization de ce Bien-heureux Patriarche, il est rapporté que la glorieuse Vierge luy tint ce discours lors qu'elle luy apparut. *Ecce tertiò venio ad te missa à filio meo, qui hic vult vnum Ordinem stabiliri in honorem meum, qui intituletur Ordo Beatæ Mariæ de Mercede Redemptionis Captiuorum, cuius Fratres in viuâ fide, in spe salutis, & verâ charitate fideles Captiuos visitent, & opera charitatis & misericordiæ circa eos exerceant, & oblatâ occasione, si opus fuerit, ad exemplum filij mei pro ijs animas ponant.* C'est pourquoy pour ne rien obmettre du commandement que la Trés-Sainte Vierge intima de la part de son Fils au premier Religieux de cet Ordre, tous ceux qui y font Profession, aprés auoir dit ces mots, *eroque obediens tibi, & successoribus tuis vsque ad mortem*, s'obligent au quatriéme Vœu solemnel de racheter les Captifs, & de demeurer en leur place, par

Bernardus Vargas & Ignat. Vidondo.

ces paroles : *Et in Sarracenorum potestate in pignus si necesse fuerit ad redemptionem Christi fidelium detentus maneto.*

Surquoy il faut remarquer que deux Ordres Religieux s'appliquans à mettre en liberté les Chrétiens esclaues, & rendans en cet employ vn insigne seruice à l'Eglise, sçauoir est les Religieux de la Sainte Trinité, & ceux de la Mercy, il se retrouue pourtant entr'eux deux notables differences : la premiere, que Dieu s'est seruy d'vn Ange pour conoître sa volonté touchant l'Institution de l'Ordre de la Trinité ; mais il a donné commission à la Sainte Vierge mesme pour découurir ses desseins de l'établissement de la Religion de la Mercy. La seconde difference, est que les Peres de la Trinité, lors qu'ils se transportent aux Terres des Infideles, & y rachetent les Captifs, ne satisfaisans qu'à vn point de leur Regle, c'est vn vœu solemnel aux Peres de la

Mercy, d'aller en propre personne aux lieux où les pauures Esclaues sont detenus & tourmentez, de traiter de leur rachat, & de demeurer en cas de besoin, en leur place. D'où vient que le Pape Calixte III. l'an 1457. apres auoir consideré que la Profession des Religieux de la Mercy les oblige par Vœu à des voyages outre mer, à exercer commerce auec les Infidelles, à negocier le rachat des fidelles Captifs, à demeurer en ôtage pour eux, & à souffrir, s'il est necessaire, toutes sortes de tourmens, & la mort même, declara que c'est dans cet Ordre specialement que les Religieux apprennent à renoncer à leur propre volonté, & que cet Institut est plus étroit que les autres.

Ex Bull. Ordinis, fol. 96.

CHAPITRE II.

De la maniere d'élire les Redempteurs dans l'Ordre de la Mercy. Des frequentes redemptions faites par ses Religieux. Et de quelques redempteurs qui recemment sont demeurez en ôtage dans la Barbarie.

Comme sans porter de prejudice à la sainteté de Dieu, ny à celle de la sacrée Humanité de Iesus-Christ, les hommes qui viuent en la grace sont appellez saints dans l'Ecriture ; aussi sans offencer la qualité de Redempteur qui appartient par excellence au Verbe incarné, & au Fils de Dieu fait homme, comme à celuy qui par l'effusion de son sang a deliuré les hommes de l'esclauage du peché, & de la serui-

la Mercy en Algers.

tude des Demons, les souuerains Pontifes, suiuant le stile de l'Ecriture, ont qualifié redempteurs ceux qui dans l'Ordre de Nôtre Dame de la Mercy, sont deputez pour aller en Barbarie procurer la liberté aux membres de Iesus-Christ qui sont en esclauage sous la puissance des Mahometans. Et les Constitutions de l'Ordre de la Mercy approuuées par le Saint Siege Apostolique, donnent en diuers endroits le titre de Redempteurs à ceux qui sont employez à cette loüable mission. *Ex Bull. Ord. fol. 213. Clem. 8. Greg. 9. Sixt. 5. Greg. 13*

Cet employ digne d'estre pratiqué par des Anges, ne se donne pas par la volonté de quelque particulier : mais apres que dans le Chapitre Prouincial on a diuerses inuoqué le secours du Saint Esprit, & que dans châque Maison de la Prouince on a durant vn temps notable prié pour l'heureux succez des élections, ceux qui au nombre de six composent le Definitoire, apres auoir fait serment de ietter la veuë sur les plus propres, élisent deux Redempteurs, dont l'office soit (au cas qu'il y ait du fond, & qu'il ne se rencontre aucun obstacle.) d'aller eux-mesmes en Barbarie, lors que le Reuerendissime Pere General, ou le tres-Reuerend Pere Prouincial, le iugeront plus à propos. Tous ceux qui ont acquis quelque experience dans les affaires de la Religion, ont d'ordinaire demandé auec humilité qu'on les appliquât à cet exercice de charité. Presque tous ceux qui dans la Religion ont obtenu les titres de Saints, ou de Bien-heureux, se sont signalez par l'acquit, & l'execution de leur quatriéme Vœu. Le premier siecle de l'Ordre n'a presque veu que des Saints Nolasques, Raymonds, Armengols, Serapions, Paschales, & autres semblables, passer en Valence, Grenade, & Barbarie, pour y consoler les Chrétiens oppressez, & les affranchir de la seruitude. Communément on accordoit aux Reuerendissimes

Peres

Peres Generaux cette grace, & ils n'estoient jamais plus consolez que lors que la Religion consentoit qu'ils s'employassent à ces entreprises perilleuses : mais bien que cette façon d'agir fust de grande édification, & que ces Personnages comblez de doctrine & de pieté, fissent de grands fruits pour affermir les Captifs dans la Foy; neantmoins comme faute d'argent necessaire pour retirer les Chrétiens vacillans dans nôtre Religion, à cause ds mauuais traitemens qu'ils souffroient, il arriuoit souuent que ces Peres Generaux Redempteurs demeuroient en ôtage, l'Ordre estant alors dépourueu de son Prelat & Pasteur, receuoit quelque préjudice de son absence. C'est pourquoy dans le Chapitre general tenu à Lerida l'an 1577. il fut ordonné que desormais les Reuerendissimes Peres Generaux durant le temps de leur Generalat n'iroient plus aux Terres des Infidelles pour y fai-

C

re les rachats des Chrétiens. Cette commission se donne donc presentement à ceux qui ont gouverné leur Prouince, ou au moins y ont eu les Charges les plus considerables, & qui par leur âge, leur experience, capacité, & vertus, meritent qu'on leur confie vn ministere de cette importance : car dans la premiere partie des Constitutions, cap. 30. il est requis que les Peres Redempteurs *vitâ, ætate, scientia, & prudentia maxima sint præditi, qui sciant se prudentissime gerere erga Infideles, ne in aliquo possint deludi, vel defraudari.*

Pour ce qui concerne le temps d'aller à la redemption, on le prend lors qu'il y a suffisante quantité d'argent pour se mettre sur mer ; on tâche dans châque Prouince d'y aller tous les trois ans ; mais par fois les engagemens faits en Barbarie sont si grands, qu'il y a necessité d'interrompre le cours ordinaire des redemptions. L'on a fait diuers voyages à Tunis, à Tremezen, à Fez, à Tetuan, à Marroc, & à Salé ; mais de compte fait il y a plus de soixante & treize redemptions faites en la seule ville d'Alger, & l'an 1655. il se trouuoit, que ce seul lieu nous auoit deja fourny plus d'onze mille huit cens quarante sept esclaues, ausquels on pourroit ioindre sept ou huit cens, qui ont esté retirez ces dernieres années.

Quant aux Redempteurs qui ayant employé les deniers dont la Religion leur auoit donné le maniement sont demeurés en Barbarie en ôtage pour affranchir quelques Chrétiens, si i'en voulois faire icy vn catalogue ; il seroit necessaire d'en composer vn Liure exprés ; il me suffit de dire que depuis la fondation de l'Ordre, il ne s'est iamais passé vn temps notable, durant lequel quelque Redempteur s'aquitant de son quatriéme Vœu, n'ait engagé sa liberté en Barbarie, y demeurant pour obuier aux grands perils que courent souvent les pauures Esclaues. Saint Pierre Nolasque premiere pierre fondamentale du nouuel edifice spirituel de l'Ordre de la Mercy, & qui ayant esté Cheualier laic les premieres années de sa vocation, acheua sa vie dans les fonctions sacrées du Sacerdoce, & celebra la premiere Messe dans la ville de Murcie, lors que le Roy d'Arragon Iacques le Conquerant s'en rendit Maître en chassant les Mores. Ce grand Patriarche, dis-je, ayant deux fois passé en Alger, y fut arresté quelque temps, & apres y auoir beaucoup souffert, on le congedia, le mettant dans vne tartane, qui faisoit eau, & étoit dépourueuë de mas, de voiles, & de tout ce qui est necessaire à la nauigation : Mais comme s'il eût été dans vn bon vaisseau tres-bien équipé, il arriua heureusement au Port de Barcelone, au grand étonnement de plusieurs témoins de cette merueille.

Saint Raymond Nonnat, qui aprés fut Cardinal, alla deux fois en cette retraite de Corsaires pour y agir selon l'esprit de son Ordre; & au dernier voyage qu'il y fit, il y fut arrêté, chargé de coups & d'iniures, & on luy ferma la bouche auec vn cadenat, estimant en vain par ce moyen luy ôter la liberté d'annoncer les veritez de l'Euangile.

Saint Pierre Armengol alla exercer son charitable negoce à Bougie ville de la dependance d'Alger, & y ayant acheté plus d'Esclaues qu'il n'en pouuoit payer, il prit vn terme durãt lequel il s'obligea de satisfaire à ses creanciers : mais à cause que le payement tardoit trop, il fut attaché à vne potence, en laquelle il eût expiré si la sainte Vierge venant au secours d'vn de ses enfans, ne l'eût soûtenu pendant plusieurs iours, & ne l'eût garanty de la mort.

Le glorieux Martyr Saint Paschal de Valence Euesque de Iaën,

& titulaire de Grenade, alla dans cette derniere ville visiter ses sujets Captifs, il y fut arresté prisonnier au lieu de se racheter soy-mesme des reuenus de son Euesché, il les dépensa au rachat de ceux qui étoient en danger : il vuida tellement les prisons, que ne restant plus de Chrétien qui fût propre à luy seruir la Messe, Iesus-Christ prenant la figure d'vn petit Esclaue, voulut bien seruir de Clerc à ce Venerable Prelat, qui vn'autrefois pendant le saint Sacrifice qu'il celebroit fut mis à mort par les ennemis de nôtre Foy.

Episc. Salmer. in lib. 6. el Principe Escondido.

Les autres Redempteurs de l'Ordre de la Mercy, qui ont paru aux siecles suiuans, ont suiui les exemples de leurs ancestres, de sorte qu'ils ont souuent épousé vne espece de captiuité, afin de mettre en liberté des Chrétiens, qui s'impatientans dans l'esclauage couroient risque d'apostasier de la Foy. Nous finirons en rapportant ce que nous avons veu de nos yeux, & n'alleguant que ce qui est arrivé de nôtre temps. L'an 1644. trois Peres de l'Ordre de la Mercy de France, ayans acheté dans la ville d'Alger plus de cent cinquante Esclaves, l'vn d'eux qui étoit party de Paris, nommé le Reverend Pere Sebastien Brugieres, fut obligé de demeurer en ôtage l'espace de huit ans, & pour vne somme fort excessive; & apres avoir reçeu quantité de menaces, & des affronts tres-ignominieux, il fut mis en prison, & souffrit l'incommodité des entraues, de sorte que voyant tous ceux du Pays bandez contre luy, de tristesse & de chagrin il tomba dans vne facheuse maladie.

L'an 1660. au mois de May, le Reveréd Pere Vigo celebre Theologien d'Andalousie, apres avoir avec ses compagnons dépensé environ la somme de quatre-vingts dix mil écus pour le rachat de 362. Esclaues, dont quelques-vns estoient Religieux de diuers Ordres, & d'autres Preftres Seculiers, crut qu'il étoit obligé en confcience de s'engager de neuf mil écus pour douze ieunes enfans que l'on prenoit refolution d'enuoyer en Leuant, demeurant en ôtage pour la feureté de cette fomme, pendant que fes compagnons retournerent à Madrit.

L'année fuiuante 1661. les Religieux de la Mercy d'Arragon, Catalogne, & Valence, eftans arriuez au mois d'Aouft en Alger, enuiron auec la fomme de dix-huit mille écus, racheterent 146. Captifs tant Ecclefiaftiques, qu'autres, & ayant employé tout leur fond, le tres-Reuerend Pere Iayme Caftelar, qui eftant Prieur de Barcelone auoit deux fois gouuerné tout l'Ordre en qualité de Vicaire general, crut deuoir racheter quelques ieunes enfans, & autres perfonnes qui couroient rifque de leur falut; de forte qu'il refta en ôtage dans la même ville, d'où aprés treize mois il n'étoit pas encore forti, n'ayant encore
iufques

jusques alors receu de quoy satisfaire tous ses creanciers. Inferez de ces trois derniers exemples que les Religieux de la Mercy au temps auquel la Charité semble estre si refroidie, n'ont moins de zele pour demeurer en ôtage sous la puissance des infideles, qu'en auoient ceux qui ont esté les premieres colomnes de leur Religion.

Chapitre III.

Des preparatifs pour le depart de la redemption de 1662. Et du delay qui y fut apporté.

Dans l'Assemblée Prouinciale des Religieux de la Mercy de France, tenuë en la ville de Cahors l'an 1660. ayant esté fait choix du Pere Michel Auury qui sortoit du Prouincial, & du Pere Pierre

Recaudon Definiteur, pour aller en Barbarie en qualité de Redempteurs, afin d'y racheter les fideles esclaues du Royaume de France, il n'y eût aucune voye licite que ces Peres ne tentassent afin de paruenir à l'execution de leur quatriéme Vœu. Nonobstant la deffense de passer de Prouence en Barbarie, l'année 1662. le 18. de Mars on leur obtint du consentement de leur Religion, la permission, & passeport du Roy, qui leur permettoit d'aller negotier le rachat des captifs en telle côte, port, & ville qu'ils le iugeroient à propos. Dequoy le tres-Reuerend Pere Raymond Allard Prouincial du mesme Ordre dans tout le Royaume de France, ayant eu aduis, il leur expedia le 18. Mars dans la ville de Bordeaux permission de partir au premier temps comode pour la ville d'Alger côte de Barbarie, & leur accorda vn ample pouuoir de traiter de leur embarquement, du transport des aumônes, de leur employ au rachat des captifs, & mesme en cas de besoin d'emprunter dans la ville d'Alger, & de s'engager, & les biens de la Religion, iusques à vne certaine somme raisonnable : en même temps il apporta diligence pour faire publier la redemption dans quelques principales villes, & ne se contentant pas de la coûtume de la Religion, qui en tout temps doit au moins deux fois châque iour prier pour les fideles Captifs, & pour l'auancement de leurs affaires; il ordonna que sans delay l'on commançât dans tous les couuers de reciter publiquement les Litanies des Captifs, & autres prieres prescrites dans la Religion.

Constitut. cap. 6. de orat. mentali.

La Redemption ayant esté publiée dans Paris, & plusieurs personnes de pieté ayans recommandé à Dieu cette entreprise, l'on procura à l'vn des Peres Redempteurs la grace de saluër deuant son depart Leurs Majestés, qui témoignerent grande satisfaction de voir que les Religieux se rendoient ponctuels à executer ce qui est le principal de leur Profession. En même temps de diuers endroits on enuoya à Marseille le peu d'aumônes que les Religieux auoient amassées auec de grandes fatigues dans quelques Prouinces de ce Royaume : les Peres Redempteurs se rendirent à Marseille, étans partis, l'vn de Paris, l'autre de Bordeaux, auec de grandes demonstrations d'amitié & de tendresse de la part de tous leurs Confreres.

Estans en Prouence (où le Frere Iean du Cot vn de leurs Religieux, les vint ioindre pour les accompagner au voyage de Barbarie) ils allerent saluer à Aix Monseigneur le Gouuerneur Son Altesse de Mercœur, qui loüa hautement leur dessein, donna des éloges à leur Ordre qui fait profession d'vne si éminente charité, & leur fit expedier le 6. iour de Iuin vn sauf-conduit particulier.

Les Peres Redempteurs au retour d'Aix compterent leur argent, firent visiter & examiner les especes dans leur Conuent de Marseille, par personnes bien intelligentes, prenans garde de ne rien porter qui n'eût bon cours en Alger, où les Turcs se rendent tres difficiles en la recepte des piastres, demies, & carts de piastres, qui doiuent estre des pieces belles, poisantes, & toutes Mexicanes, & Seuillanes.

Et d'autant que les risques de la mer sont grands, & qu'il ne faut épargner aucune precaution pour conseruer le thresor des pauures, & l'argent amassé auec tant de fatigues & de sueurs pour le rachat des Chrétiens esclaues, on trouua bon de faire asseurer les deniers qui denoient estre transportez en Barbarie; on noliza vne barque, on contracta auec vn Patron pour le port de l'argent, & le retour des Esclaues : mais apres tous ces preparatifs faits au mois de Iuin, l'on fut alors frustré de la fin que l'on pretendoit: car Monseigneur de Beaufort ayant mis pied à terre à Tholon, & fait venir à la rade les Vaisseaux auec lesquels il auoit côtoyé vne grande partie des riuages de Barbarie, Monseigneur de Mercœur fit entendre aux Religieux de la Mercy qu'ils deuoient surseoir l'execution de leur dessein, & qu'il n'estoit pas conuenable qu'ils partissent alors, d'autant que les matelots qui les acompagneroient, sans doute ne seroient pas assez discrets pour ne rien découurir mal à propos dans Alger. Ce retardement affligea extremement les Peres Redempteurs, qui sçauoient la necessité qu'il y auoit de ne differer leur passage; neantmoins ils se soûmirent à la volonté de Dieu, croyant que luy-même estoit l'autheur de ce delay, qu'ils ont depuis reconnu leur auoir été auantageux, à cause que la peste en Iuin faisoit de grands degâts en Alger, & que l'ardeur de la canicule extremement violente cette derniere année eût reduit les Peres Redempteurs en vn état de ne pouuoir apporter de l'vtilité aux Chrétiens. Au commencement d'Aoust Monseigneur de Mercœur permit aux mêmes Religieux (apres qu'ils l'en eurent tant sollicité, qu'il pouuoit s'ennuyer de leurs instances) de nauiger en Affrique quand ils le iugeroient à propos. Il fallut donc de nouueau contracter auec des Asseureurs, & conuenir pour le nolisement d'vne barque nommée Iesus-Maria Sainte Anne; on redoubla par tout les vœux & prieres à Dieu, & à de si puissans Patrons, afin d'obtenir vn heureux passage; & le 4. d'Aoust, pour ne rien obmettre d'vtile, l'on obtint le sauf-conduit de Mr. le Commandeur de Nuchezes Vice-Admiral commandant l'Armée nauale de Sa Majesté. Apres auoir payé quatre pour cent aux Asseureurs, le Reuerend Pere Cōmandeur du Conuent de Marseille, à la fin d'Aoust benit l'Eſtendart de la Redemption, (où d'vn côté eſt vn Crucifix, auec les Armes du Pape, & du Roy; & de l'autre l'Image de la Sainte Vierge, auec celles des Saints Nolaſque & Raymond Nonnat, & l'Eſcuſſon de l'Ordre) & le fit arborer à la ſatisfaction de pluſieurs ſpectateurs, ſur la Barque deſtinée pour la Redemption.

Les premiers iours de Septembre, en preſence des Marchands, du Patron, & de ſon Eſcriuain, l'argent fut derechef compté, mis dans des ſacs qu'il fallut coudre, ſçeller du cachet de l'Ordre, & aprés enfermé dans dix caiſſes de bois qui furent bien cloüées, & puis ſerrées auec des cordes.

Les hardes auec l'argent furent tranſportées dans la barque, & les Peres eſtans allés auparauant en deuotion à Nôtre Dame de la Garde, afin de recomander à leur Sainte Mere & Inſtitutrice la conduite de leur voyage, & renouueller en ce Sanctuaire

Sanctuaire leur quatriéme vœu pour le soulagement & rachat des Chrestiens captifs, Ils celebrerent la sainte Messe en leur Eglise de Marseille ; & apres auoir receu la benediction du R. P. Commandeur, auec les ceremonies & prieres accoûtumées, & embrassé leurs confreres, qui regrettoient de ne les pouuoir accompagner iusques aux Terres des Infideles, ils allerent aux Isles, où la barque les attendoit. Mais il arriua beaucoup de pluyes, & des vents impetueux nullement propres pour la nauigation, de sorte que quelques-vns des trois Religieux demeurans beaucoup de iours dans la barque commencerent déja à éprouuer les incommoditez de la mer.

Enfin le iour de l'Exaltation de sainte Croix, 14. de Septembre, Dieu accorda vn temps tel qu'il étoit necessaire pour passer heureusement de France en Barbarie: Monsieur Huguet tres-digne Prestre

E

de la Mission de Saint Lazare lez Paris, nommé pour aller exercer les fonctions de Vicaire Apostolique en la ville d'Alger, joignit dans la Barque les deux Peres Redempteurs de la Mercy, & le Frere leur compagnon : & aprés que de nouueau on eut offert ce voyage à Dieu, auquel dés le matin on l'auoit recommandé au saint Sacrifice de la Messe, on mit les voiles au vent, & la Barque se separa des Isles.

Chapitre IV.

Du passage des Religieux de France en Barbarie.

IL n'y a presque iamais de nauigation exempte de peril, surtout on a de coûtume d'apprehender le passage du Golfe de Leon : mais Dieu, qui sur terre auoit vn peu fourny d'épreuues à ceux qui auoiét à cœur de se voir en lieu propre de favoriser & soulager les Chrétiens souffrans l'esclavage, se rendit en leur endroit tres-benin & favorable sur la mer, & on peut dire qu'il tira de ses thresors les vens les plus propres de tous pour porter cet accomply Missionnaire, & les Peres Redempteurs au lieu où ils pretendoient tous exercer la charité; on n'en peut iuger autrement, si on fait reflexion que ce trait de six cens milles, ou de deux cens lieuës, fut fait à moins de trois fois vingt-quatre heures. Les trois Prestres, & le Frere, n'étans accoûtumez à la mer, y souffrirent de grandes incommoditez, quoy qu'il n'y eût aucune tempeste; neantmoins les prieres du matin & du soir, & quelquefois durant la iournée, y furent faites en commun fort ponctuellement; mais Dieu ne se voulant laisser vaincre par ses serviteurs, les fit partir vn Ieudy sur les neuf heures de matin, à la faueur d'vn vent Maëstral, ou

Nord-Nordoüest, qui souffla si à propos; que le Vendredy à la fin des vingt-quatre heures ils auoient déja fait soixante-six lieuës ou enuiron de la mesure de celles de Prouence, qui en valent plus de cent de l'Isle de France. Le vent alors se tourna entierement au Nord, & puis se rendit Nord-Nord-est, ou Gregal, de sorte que la Barque étant le second iour meuë successiuement par la Tramontane, & le Gregal sur les quatre heures du soir, on eut à la gauche l'Isle de Minorque; & ayant disposé tout ce qu'il y auoit d'armes afin en cas d'attaque de se deffendre contre les Corsaires, on approcha de Majorque, de laquelle sur les sept ou huit heures on côtoya le Cap, étant en la distance de 330. milles de la ville de Marseille. Toute la nuit du Vendredy au Samedy on eut le vent aussi fauorable qu'on le pouuoit souhaiter, & on auança de telle sorte, que le Samedy au soir, contre nostre esperance, on découurit la Terre de Barbarie, & on aperçeut les enuirons de Bougie, lieu auquel reposent souuent nos Religieux, à cause du secours miraculeux que S Pierre Armengol l'vn de nos premiers Redempteurs y reçeut de la sainte Vierge, qui luy témoigna bien que les Religieux vacquans au rachat des Esclaues, sont sous sa singuliere protection.

Entre diuers discours d'edification qui se tinrent dans la Barque, l'vn des Peres Redempteurs fit remarquer que ce voyage ne pouuoit être qu'heureux, attendu que le premier iour de la nauigation étoit consacré au mystere de la Croix, qui est le principe instrumentel de la remission de nos fautes, & du rachat des hommes fait par Iesus-Christ, & qui donne la vertu aux Religieux de la Mercy de secourir leurs freres Chrétiens chargés de fers, & accablés de maux par la malice des ennemis de la Loy de Iesus-

Chrift. Il adjoûta que le second iour 15. de Septembre, étoit dans l'Eglife employé à honorer l'Octaue de la Natiuité de la tres-glorieufe Vierge, qui aprés l'amour qu'elle porte au premier Redempteur, cherit fur tous les hommes les feconds Redempteurs, fes enfans les Religieux de la Mercy, dont elle a reuelé l'Inftitution, & pour lefquels en tant de rencontres elle a témoigné auoir de fi extraordinaires tendreffes. Il fit entendre que le 3. iour, fçauoir le 16. de Septembre, on honoroit la memoire de Saint Cyprien grand Docteur de l'Eglife, Martyr, & Archeuefque de Cartage, Patron de toute la côte de Barbarie, qui s'intereffoit que la charité des Peres Redempteurs parût aux lieux où iadis l'Eglife fous les Auguftins, Fulgences, Alipes, & autres, auoit été fi éclatante en toutes fortes de vertus. Il conclut que tous ces iours feroient heureux, le voyage fe feroit auec profperité, & qu'auec le fecours du Ciel ils pourroient executer vne partie de ce que l'Escriture en l'Office du Dimanche suiuant rapportoit de Tobie à l'endroit de ses confreres captifs.

Le Samedy au soir on eut apprehension que le vent portant la barque auec grande vitesse ne la fist trop tôt approcher de nuit vers la Barbarie ; c'est pourquoy on se contenta durant plusieurs heures de prendre moins de vent, afin que le Dimanche au leuer du Soleil on pûst aborder au Port d'Alger. En effet, le l'endemain à la pointe du iour on discerna la ville d'Alger, & aprés auoir auancé quelques lieuës le vent cessa, si bien qu'il fut necessaire que plusieurs matelots decendissent dans l'esquif, où voguans durant vne ou deux lieuës, ils approcherent la Barque assés prés du Port.

Donc le Dimanche sur les huit ou neuf heures du matin, les Peres Redempteurs auec toute leur compagnie, arriuerent au lieu tant desiré, afin d'vser de misericorde & de charité enuers Iesus-Christ souffrant en ses membres. Sitôt que de la ville on apperçeut cette Barque auec l'Estendart de la Redemption, où entr'autres choses paroissoit vn grand Crucifix, auec les Armes de France, & l'Escusson de la Mercy, il y eut grand concours de peuple, tant de Turcs, Mores, & Reniez, que de Iuifs, & pauures Esclaues, sur le Mole, au Château que l'on bâtit à la marine, & sur le bord de la mer, les-vns attendans à ce voyage leur liberté, & les autres esperans s'enrichir par la vente & debit qu'ils feroient de leurs Esclaues. Incontinent vn vieillard vint dans vn esquif pour monter dans la Barque, & interroger les Religieux qu'ils nomment Papasses: cet homme étoit gros, de haute taille, & étant gardien du Port, il étoit de sa charge de venir auant tous sçauoir le sujet de leur venuë, il les traita assés ciuilement. Le Truchement qui

qui est vn ieune homme renié, François, des quartiers de Beausse, se rendit aussi vers les Peres en diligence, & leur témoigna qu'ils seroient bien venus, & auroient satisfaction, s'informant sur tout si les aumônes que l'on portoit montoient à vne somme fort considerable. Monsieur de Bourdieu Consul pour la Nation Françoise, auec Monsieur Sicquard son Chancellier, entendans la venuë des Peres de la Mercy de France, y accoururent auec toute la promptitude possible, & ayans embrassé Monsieur Huguet qui venoit pour regir l'Eglise d'Alger, ils firent grand accueil, & beaucoup de protestations d'amitié aux Religieux, du zele & des intentions desquels ils étoient bien informez.

Le Gardien, le Truchement, & autres Officiers, firent apporter sur le tillac les dix caisses où étoient les aumônes amassées en France : ils firent recherche de tout l'argent, qui

F

dans quelques coffres appartenoient à des particuliers ; ce qui sembloit long aux Religieux, qui étoient là exposés à l'ardeur du Soleil, & qui depuis trois iours n'auoient presque pris aucune refection, ny ioüy d'vn bon sommeil. Ces Officiers firent bien cloüer les morceaux de bois qui ferment l'estiue, ou le dessous du tillac, & y ayant mis en diuers endroits de la cire, ils scellerent afin qu'en leur absence on ne pûst tirer de ce lieu ny argent, ny marchandises quelconques, pour frustrer la doüane, ou l'épargne de la ville, des droits deûs pour l'entrée.

CHAPITRE V.

De l'entrée des Peres Redempteurs dans la ville d'Alger.

LA barque de la Redemption étant proche de terre, on fit

décendre les Religieux, qui reuererent ce lieu à cause que plusieurs de leurs Religieux y venans faire les fonctions de Redempteurs, y auoient beaucoup soufert pour la gloire de Dieu, & pour procurer les interests & auantages des Chrétiens esclaues. Les Officiers ayans aussi mis pied à terre, firent charger les caisses par diuers Mores comme des portefaix, qui étans conduits par vn Chaoux, qui est vn Sergent, ou Archer, alloient l'vn aprés l'autre en rang tout le long de la ville, Monsieur le Consul les suiuant auec le Truchement & les Peres. On arriua à vne maison où il y a l'ouuerture d'vne grande & haute porte cochere, peinte autour, & au trauers de laquelle est penduë vne grosse chaîne de fer, afin qu'on n'y entre pas trop facilement. On rencontre vn vestibule assez ample rempli de diuers Officiers nommés Adobaschis, qui au nombre de 24. y font la garde, n'ayans pourtant que de gros bâtons auec des pommes au bout, on les void pendans aux murailles. On entra dans ce lieu qui communement s'appelle la maison du Roy, à cause que le Bascha y presidoit autrefois, & mesme à present quoy qu'il luy soit interdit par les soldats de prendre aucune connoissance des affaires de l'Estat, ny de la ville, neantmoins il en occupe la principale partie. Il y a vne fort grande court, où les soldats s'assemblent quand ils viennent querir la paye. Plus auant il y a comme vne grande salle voutée, mais entre laquelle & la court il n'y a aucune separation de muraille; si bien que ces deux lieux ne sont differens qu'à cause que la salle seule est à couuert. On y void vne assez agreable fontaine qui a diuers iets, & où on puise de l'eau pour les besoins de la maison, & pour des-alterer ceux qui durant les chaleurs veulent boire. Allant plus auant, & au delà de quatre piliers qui soûtiennent la voute, on y remarque des sieges tout autour. A vn coing est assis le Gouuerneur nommé Chaban Aga, renié Portugais, & qui paroist prudent, mais selon la chair : vers la droite il a sous vne petite voute separée les deux Escriuains, ou Secretaires & Greffiers, qui en peu de mots tiennent registre des resolutions que le Gouuerneur donne, & des reglemens qu'il fait en choses de consequence. Il est assis à la mode des Tailleurs ; il a à la gauche son Caie, ou Lieutenant, vn peu éloigné de luy ; il s'y trouue d'ordinaire aussi en la mesme posture quelques Mansulagas, qui ont passé par tous les degrés de la Milice. Entre les piliers & les sieges il y a par terre de grandes nattes tissuës d'vn petit ionc, on y void pardessus des tapis de Turquie étendus, & couuerts d'autres tapis de cuir, sur lesquels les Mansulagas ayans les pieds nuds, & sans leurs petits sou-

liers, s'aſſeoient à la mode des
Tailleurs, & là reçoiuent & comp-
tent l'argent qui eſt apporté pour
les droits d'entrée, des portes, ou
de ſortie, ou pour les autres tributs.
Auprés de ces tapis on déchargea les
caiſſes ; & Monſieur le Conſul ac-
compagna les Peres qui allerent ſaluër le Gouuerneur, & luy baiſer la
main, & à ſon Caie, ſelon la coûtume du Pays. Il témoigna être
joyeux de leur arriuée : il leur de-
manda des noüuelles de France, &
leur fit entendre qu'ils étoient venus en vn temps bien propre pour
auoir ſatisfaction. Il s'informa
quelle quantité de piaſtres ils auoiét
apportées, & il leur dit qu'ils pouuoient aller prendre vn peu de repos, faire porter où ils voudroient
les neuf caiſſes : mais que pour la
dixiéme, il étoit neceſſaire de la
laiſſer en ce lieu, que perſonne n'y
toucheroit en ſon abſence, & qu'à
leur retour dans vne ou deux heures on en feroit l'ouuerture, & y

prendroit ce qui seroit iuste pour le droit de l'entrée de toute la somme.

Au sortir de la maison du Roy, les Peres firent porter leur argent au logis de Monsieur le Consul François; & approchant l'heure de midy, ils y entendirent la Messe qui fut celebrée dans vne Chapelle belle & fort proprement parée, par vn Religieux Esclaue de l'Ordre de Saint Dominique. Incontinent aprés Monsieur Sicquart le Chancelier, reconduisit les Peres au logis du Roy, là où l'vn des Ecriuains ayant en vn instant fait le calcul, declara ce qu'il falloit prendre pour les droits de la somme de vingt-neuf mil & tant de liures. Sur le champ vn des Mansulagas deputez pour compter l'argent, n'eut besoin de marteau, ny de tenailles pour l'ouuerture de la cassete, mais au premier coup qu'il donna de son pied nud sur le couuercle, il le brisa en pieces. Luy & ses associés renuerferent l'argent fur le tapis de cuir, prirent precifément ce qu'ils auoient dit leur être dû : & ayant fait voir à des Iuifs qui preparoient des Afpres pour la paye des Soldats & Officiers, les pieces qui paroiffoient douteufes, ou legeres, ils rendirent aux Peres ce qui étoit de refte.

Cette premiere affaire eftant paifiblement expediée, & fans contefte, les Peres Redempteurs étans fort abbatus de la diette qu'ils auoient gardée les iours precedens, & du tracas de faire tant de tours, & retours par les ruës de la ville, furent conuiez par Monfieur le Conful d'aller prendre en fa maifon leur refection. Comme il fçauoit leur befoin, il auoit preueu à tout, de forte que par le charitable acueïl & le bon traitement qu'il leur fit. Ils commancerent comme à reuiure, & ils anoüerent qu'ils auoient eu befoin de rencontrer vn hôte fi preuoyant, qui durant leur fejour

en

en Alger leur a toujours rendu les bons offices que l'on pouuoit esperer de luy.

Ce même iour voilà arriuer presque en même temps plusieurs Religieux de diuers Ordres, tous esclaues, qui ayans appris l'arriuée de Monsieur Huguet Vicaire Apostolique, & des Peres Redempteurs, vinrent à la hâte pour les saluër & embrasser ; & parmy les grands déplaisirs de leur esclauage, receuoir par leur veuë quelque consolation. Entr'autres on vid entrer plusieurs Religieux de l'Ordre de Saint François, qui étans subjets du Roy d'Espagne, & passans d'vn Pays à vn autre par l'ordre de leurs Superieurs, auoient été pris par les Corsaires, & menez en captiuité. Helas ! le visage défiguré des vns, & les habits déchirez des autres, faisoient bien voir qu'ils étoient captifs, & qu'ils étoient dans la souffrance d'vne pauureté qui encherissoit au dehors par-dessus la volontaire. Entr'autres il

G

y en auoit vn des Isles de Canarie, fort attenué par vne longue maladie qui auoit bien de la peine à se soûtenir auec son bâton, & auquel il ne restoit que quelques parties de son habit Religieux. Tous ces gens étoient fort à plaindre, & il ne falloit pas être bien sensible pour ietter des larmes à la veuë de ces objets. Il se presenta aussi des Religieux de S. Dominique vn peu mieux couuerts, mais qui ne manquoient pas de raisons pour être bien plaints dans leur esclauage. Mais voicy entrer deux Religieux, & habiles Prestres de l'Ordre de Saint Augustin, qui au dehors, ôtez leur modestie, n'auoient aucune marque de leur profession, ny de leur charactere Sacerdotal. Ces hommes destinez pour consacrer, manier, & administrer aux fideles le Corps du Fils de Dieu, & leur ouurir le Ciel par l'absolution de leurs pechez au Sacrement de Penitence, étoient consi derez par les Turcs comme de la fange ; & quantité de prieres & sollicitations qu'on auoit employées pour eux, ne les auoit pas pû exempter des galeres : en effet ils y étoient actuellement occupez, & ayans quelques vieux iust au-corps gris, on ne les auroit iamais pris pour des Ecclesiastiques. Les Peres Redempteurs les remercierent de leur ciuilité, les exhorterent à perseuerer genereusement, & leur promirent, non de les racheter, à cause qu'ils n'étoient pas subjets du Roy de France, ausquels seuls les aumônes appartenoient, mais qu'ils les iroient visiter, leur porteroient quelque charité, & les assisteroient dans leurs plus pressans besoins. Sur la fin il entra vn Religieux Minime dans vn piteux equipage, il demeuroit, & étoit nourry chez le tres-Reuerend Pere Castelar Redempteur de l'Ordre de la Mercy pour la Catalogne, qui nonobstant sa disette (car pour ses debtes il étoit en ôtage depuis vn an) le logeoit, &

pour l'exempter du mauuais traitement de son Patron, payoit sa lune, & le protegeoit dans la ville d'Alger. Ce Religieux donc de S. François de Paule vint saluër les Peres François de la part du Reuerend Pere Catalan son bien-facteur, qui alors pour quelques raisons ne pouuoit pas sortir de la maison, où il étoit assez pauurement logé. Les visites de tous ces bons Religieux, mais dignes de compassion, étans acheuées, il fut question de trouuer vne maison où les Peres Redempteurs de France fussent decemment logez, & où sur tout les paunres Esclaues pûssent venir confidemment pour décharger leurs cœurs, & procurer leur rachat à telle heure qu'il leur plairoit, sans que cela leur pûst prejudicier enuers leurs Patrons. Dieu par sa bonté fit qu'on découurit vne des commodes & vastes maisons de la ville, dont le locataire étoit vn Espagnol captif, qui étant patron de barque, après auoir amené diverses fois en Alger les Peres Redempteurs Espagnols de l'Ordre de la Mercy, enfin allant à Malaga pour rendre seruice, & prendre dans sa barque le Reuerend Pere Vigo Redempteur d'Andalousie, fut pris par les Corsaires, & fait Esclaue de Chaban Aga Gouuerneur d'Alger, qui luy a permis d'occuper cette grande maison, afin qu'il y fasse son profit, & gaigne dequoy se racheter. Cet homme donc nommé Philippe Martin, loge deux ou trois Espagnols captifs comme en chambre garnie, ou en pension, & paye la lune à vn pauure captif Espagnol pour leur seruir de valet. De plus, son dessein est que les Peres Redempteurs tant de France que d'Espagne, en bien payant, y prennent leur logement. C'est là le lieu où les Peres, aprés auoir couché chez Monsieur le Consul, & celebré le lendemain la Messe dans sa Chapelle, vinrent prendre leur retraite. Comme le matin ils auoient rendu graces à Dieu pour l'heureuse arriuée en ce Pays-là, & luy auoient recommandé les affaires de toute leur redemption, ils estimerent qu'il étoit à propos d'aller saluër le Gouuerneur, ne voulans rien obmettre de tout ce qui leur pourroit être vtile. Ils allerent donc auec Monsieur le Consul, & le Truchement, pour faire ciuilité à Chaban Aga, & pour le prier qu'on leur accordât en la conjoncture presente tout ce qui l'année precedente, & depuis peu auoit encore été concerté en faueur des Peres de l'aumône: (car c'est ainsi qu'ils appellent les Redempteurs.) Il s'y engagea de parole, & fit conoître que le Gouuernement d'Alger n'étoit pas tyrannique comme il auoit été cy-deuant, que les années dernieres on violentoit les Redempteurs à racheter grand nombre d'Esclaues contre leur volonté ; mais qu'à present on ne procederoit pas de la sorte, & qu'à l'exception des sept Esclaues forcés, qui ne leur seroient donnez que de la Nation Françoise, ils choisiroient ceux qu'ils voudroient, & de telle Prouince & Ville qu'il leur plairoit, sans que personne, sous tres-griéue peine, ozât les astreindre à autre chose. Il enuoya aussi publier par la ville que personne, sous peine d'vn tres rigoureux châtiment, ne fist insulte aux Papasses de l'aumône de France, ny par la ville, ny en leur maison, & que l'on ne leur causât aucun dommage. Le Truchement proposa aussi aux Peres que le Seigneur Aga étant le Chef de la Milice, & du Conseil d'Estat, & le President de Doüane, il étoit bienseant de luy faire ciuilité. On fut donc aussi à son logis, & on quitta les souliers pour entrer dans sa chambre, où il étoit assis sur trois ou quatre beaux tapis, à la façon des Tailleurs, ayant de precieux coussins de part & d'autre pour s'appuyer; On luy baisa la main, & le Truchement luy fit compliment en langage Turc pour les Peres, lesquels il témoigna qu'il appuyeroit de son authorité toutes les fois qu'on auroit recours à luy, qu'il étoit réjoüy de leur venuë, & leur souhaitoit vn heureux succés en leur negotiation.

CHAPITRE VI.

De la visite que les Peres font de leur Religieux demeuré en ôtage; & du grand concours de toutes sortes d'Esclaues, qui viennent crier misericorde, & demander que l'on les retire de l'esclauage.

LEs Peres Redempteurs auoient veu les années precedentes le tres-Reuerend Pere Iayme Castelar en vn état tres-fleurissant, gouuernant par deux differentes fois la Religion de la Mercy, & presidant fidant aux Chapitres generaux en qualité de Vicaire general. Ils l'auoient veu en Espagne bien venu auprez des plus puissans de l'Arragon, & de Catalogne, qui le cherissoient, & auoient recours à luy, comme à vn personnage d'eminente pieté, & d'vne profonde erudition. Ce Religieux suiuant les traces de ses predecesseurs les Prieurs de Barcelone, qui ont mis en liberté tant de Captifs, faisant plus d'état de la commission de Redempteur, que de toutes les dignitez Ecclesiastiques, fut deputé pour aller en Alger au nom de la Catalogne ; & pouuant facilement retourner en Terre Chrétienne, aprés auoir acheué sa redemption, sa charité seule enuers quelques pauures enfans que l'on alloit engager dans le party de la secte de Mahomet, l'obligea à s'endebter, & à demeurer dans ce Pays infidele pour seureté de la somme. Les Peres de France allerent donc voir ce Religieux

H

de grand merite; ils eurent à cette entreueuë, & en plusieurs autres suiuantes, de longs entretiens auec luy sur le sujet de l'exercice de la Redemption. Ils reconoissent qu'il leur a donné de bons conseils, & fourny quelques memoires de sa redemption qui leur vinrent fort à propos. Au reste ce Religieux pour lequel tous les Chrétiens dans Alger ont vn tres-grand respect, quoy qu'il ne soit pas bien logé, vit fort retiré, ne paroissant que rarement dans la ville, d'où il ne retourne iamais que fort affligé du traitement qu'il void que les Barbares font aux Chrétiens. Les insultes que luy ont fait les Turcs, & les Iuifs, ont tellement mis sa vertu à l'épreuue, qu'il en a contracté vne maladie tres-dangereuse, dont il a eu grande difficulté à se remettre. Ce Reuerend Pere Espagnol a toujours fait paroître grande tendresse enuers les Peres de France, & s'est dans toutes les rencontres beaucoup interessé, afin que les affaires de leur redemption eussent vn heureux succez.

Les Peres étans de retour en leur maison y trouuoient des deux ou trois cens Esclaues ; les vns apportoient des lettres pour leur faire voir qu'ils étoient recommandez par les Prelats, & autres personnes d'authorité. Les autres alleguoient leur ieunesse, representans que leurs Patrons vsoient tantôt de flatteries, tantôt de menaces pour leur faire quitter la croyance de l'Eglise Romaine, & les rendre sectaires de Mahomet ; & qu'ils les sollicitoient à des abominables lubricités. Les autres montroient leurs cheueux blancs, faisans instance que durant qu'ils auoient pû souffrir les fatigues de l'esclauage, ils auoient pris patience, mais qu'alors succombans sous le faix des années, & étans inhabiles au trauail, on deuoit les mettre en repos, en les retirant de l'esclauage. Vous eussiez veu venir des hommes de moyen âge, qui demandoient la liberté, non tant pour leur commodité particuliere, que pour gaigner la vie à leurs femmes, & à plusieurs petits enfans. Il y auoit des personnes de condition, ou de braues Officiers, qui faisoient entendre que leur talent étant caché, & leur qualité n'étant pas connuë, on les auroit alors à bon marché; mais que si l'on differoit dauantage tout seroit découuert, & que l'on ne les pourroit retirer qu'à graisse d'argent. Quelques-vns causoient vne grande compassion, pleurans de ce que si l'on ne les rachetoit dans trois iours, il leur faudroit s'embarquer pour aller faire la guerre contre les Chrétiens. Il se presentoit des familles entieres, dont le mary portant la parole, prioit que l'on rachetât sa femme, ou son fils, ou qu'on le mît en liberté, afin d'aller en Terre Chrétienne procurer des aumônes pour les deux autres. Quelques Chrétiens desinteressez donnoient ou prêtoient quelque argent pour partie du rachat des autres, qu'ils reconnoiſſoient être plus mal traitez. Enfin quelques Captifs charitables ne venoient rien demander pour eux, mais ils ſe rendoient ſolliciteurs des autres, accompagnans des aueugles, des ſourds, des boiteux, des eſtropiats, & prians que puis-que l'on les pouuoit acheter à bon marché, on ne les laiſſât pas perir dans la miſere.

D'autres faiſoient leurs plaintes de ce qu'ils auoient à faire à des Patrons endiablés, qui ne les laiſſoient pas vn inſtant en repos : mais tantôt les aſſommoient de coups, tantôt les faiſoient creuer ſous les trauaux ; tantôt ne leur donnoient déquoy viure, ſe contentans de les ſaoüler d'injures. D'autres aſſeuroient qu'étans ſans ceſſe occupez à trauailler aux montagnes, ils ne frequentoient que des hommes plongez dans les vices les plus honteux ; qu'on ne leur parloit jamais de Dieu, qu'en ſix mois ils n'auoient pas la commodité d'entendre vne Messe, & qu'à leur grand regret les quatre ou cinq années s'écouloient sans qu'ils se pûssent confesser vne seule fois. O mon Dieu! n'est-il pas vray que ces pauures esclaues iugeront tant de Chrétiens qui abusent de tant de belles commodités qu'ils ont d'auancer facilement les affaires de leur salut?

Les Peres Redempteurs percez de douleur au recit de tous ces maux, écoutoient vn châcun auec patience, consoloient selon leur pouuoir les plus affligez ; & preuoyans que leurs aumônes ne suffiroient pas à tous, ils mettoient en écrit les noms de ceux qu'ils prenoient resolution de racheter, & donnoient de bons conseils aux autres, ou sur les moyens par lesquels ils pourroient obtenir leur rachat, ou pour les faire perseuerer parmy les afflictions de la captiuité.

Chapitre VII.

Visite des Religieux, des Baignes, & des Hôpitaux.

Divers bons Religieux étans venus saluër les Peres Redempteurs, les mesmes estimerent qu'ayans eux esté preuenus par ces personnes, qui dans l'esclauage donnoient de bonnes & asseurées preuues de leur Religion, ils deuoient leur rendre visite ; c'est ce qu'ils firent dés le Mercredy, ou Ieudy : ils allerent donc dans quelques baignes, & prisons, & là ils parlerent à ceux qui ioignoient à la mortification de leur Regle l'austerité de l'esclauage : si bien que ces deuots & penitens Esclaues resterent beaucoup consolez de s'être entretenus auec les Peres Redempteurs.

Ils firent le tour de quelques Baignes ; ils admirerent comment des hommes si mal nourris, couchez si miserablement, & pour l'ordinaire accablez de rudes trauaux, pouuoient viure si long-temps. Ils apperçeurent dans vn certain Baigne deux hommes de condition chargez de chaînes de fer, & ils s'empresserent pour leur aller faire ciuilité : mais ces Messieurs qui desiroient plus de demeurer inconnus, que de receuoir de l'honneur, leur crierent de loin qu'ils ne s'aprochassent pas dauantage, crainte que cet honneur ne leur coûtât bien cher. Les Peres Redempteurs suiuirent cet auis, mais peu de iours apres ces Gentils-hommes visiterent les Peres, & les prierent que dans les rencontres ils les traitassent comme les moindres des Esclaues, & qu'ils eussent égard non à leur noblesse, mais aux chaînes qu'ils trainoient auec eux. Hé mon Dieu! que ces Baignes sont des lieux affreux? quelle confusion y a-il pour les lits des pauures Chrétiens? Ou plutôt, combien y en en a-il qui pour tout lieu de repos n'ont que la plate terre, étans bien-heureux d'auoir vn petit coin qui soit sous quelque toit, & exempt des injures de l'air? Quelle patience ne doiuent pas auoir ces bons Chrétiens, ausquels quelquefois en vne semaine les Patrons ne font pas donner vn morceau de pain, & qui pour toutes paroles de caresses ne s'entendent nommer que chiens, traîtres, Iuifs, &c. Quelle douceur d'esprit ne doiuent-ils pas auoir acquise pour souffrir (sans se défaire eux-mêmes, ou attenter par rage sur la vie de leur Patron) qu'on leur donne la falaque, ayant la tête contre terre, & receuans sur leurs pieds éleuez en haut, & passez dans les trous d'vn morceau de bois, des centaines de coups de bâtons, ou de cordes poicées, ou de nerfs de bœuf? Ne faut-il pas que Dieu leur accorde vne constance bien heroïque que d'aimer mieux perseuerer dans la creance des veritez de l'Euangile, & mépriser la secte superstitieuse de Mahomet, quoy qu'on les lie sur vne échelle, & que diuerses personnes les frappans tour à tour, se lassent souuent à les charger de coups, & meurtrir de tous côtés ; de sorte qu'afin que la gangrene ne se mette à leurs playes, on est souuent contraint d'appeller les Chirurgiens pour empécher ce mal par quantité d'incisions, ou d'autres operations de leur Art.

On pût remarquer diuerses choses, mais toutes miserables dans les baignes, aprés auoir entré & prié dans les petites Eglises, qui sont comme autant de Parroisses où les Religieux Esclaues celebrent leurs Messes, chantent par fois les Offices diuins, & administrent les Sacremens aux fideles Captifs, ces Eglises étoient pour lors honnétement accommodées, & on rapporta qu'elles ne manquoient pas d'ornemens somptueux.

Les Peres firent aussi vn tour dans les Hôpitaux qui sont tres-petits, & en vne grande disette, ayant pourtant diuers lits où étoient couchez quelques malades. Dans le Baigne du Roy il y a vn Hôpital vn peu plus grand, où les lits sont beaucoup plus propres, & les malades mieux assistez : & les Peres Redempteurs reçeurent vne grande consolation remarquans que sur l'Autel de cet Hôpital, où d'ordinaire la Messe se celebre tous les iours, il y a vn beau tableau de Saint Pierre Nolasque Patriarche de l'Ordre de la Mercy, qui dans les voyages qu'il a faits en Alger, a tant fait & souffert pour la gloire de son Maître & le nôtre, & pour la consolation des Esclaues, lesquels il regardoit comme ses freres, ou plutôt comme Iesus-Christ même.

CHAPITRE VIII.

Les Peres Redempteurs reçoiuent les sept Esclaues forcés, payent leur rançon, & refusent de condescendre à la priere que leur fait vn des grands de la Doüanne.

C'Est l'ancienne coûtume de la ville d'Alger d'astraindre les Redempteurs à receuoir sept Esclaues, sans auoir droit de les choisir : & pour ce sujet on les appelle forcez, d'autant qu'il n'est pas à la liberté des Peres de l'aumône de les prendre, ou de les refuser : mais ils sont obligez par force de les receuoir tels qu'ils soient. Suiuant cette coûtume, qui à present a force de loy, Chaban Aga Gouuerneur enuoya querir les Peres Redempteurs, leur ordonnant de payer par auance 215. piastres & demie pour chacun des six Esclaues, qu'il leur enuoyeroit au premier iour de la part de la Doüanne. Comme il n'y auoit point de replique à faire, son ordre fut executé sur le champ, on luy mit sur le tapis de cuir vne grande quantité de piastres ; & les Mansulagas commis pour compter l'argent, prirent six cens quarante-six liures dix sols pour chacun des six Esclaues du Bellic, ou de la Doüanne, qui le lendemain furent amenez au logis des Peres par le gardien Baschy, c'est à dire principal, auquel il falut payer ses droits de ces six Esclaues ; il y en auoit vn Marseillois tout moribond, duquel afin de le pouuoir transporter en France, il fallut auoir vn soin tout particulier. Les Peres Redempteurs accueillirent & embrasserent ces premices de leur redemption, & les exhorterent à rendre graces à Dieu de leur liberté, & à se preparer à loisir à faire vne bonne Confession.

Vers le soir ils allerent chez le

Seigneur Aga, & entrerent dans sa court proprement carrelée, il s'y rendit aussi-tôt, & fit apporter de petits sieges ou placets bien grossiers, faits de canne. Luy & les Peres s'assirent, & le Truchement, (sans lequel les Peres ne pouuoient rien conclurre de valide) luy compta 215. piastres & demie, & incontinent parut l'Esclaue acheté, qui suiuant la forme ordinaire baisa la main de son Patron, comme prenant congé de luy, & en suite baisa celles des Peres, comme signifiant qu'il leur appartenoit, & qu'ils pouuoient disposer de luy. Le Seigneur Aga fit de grandes instances aux Peres, afin qu'ils reçeussent encore de sa main vn autre Esclaue forcé, lequel peut-être il auoit acheté quarante escus pour le leur reuendre 215. mais les Peres sçachans qu'il ne pourroit venir à bout de les y contraindre, quoy qu'ils vsassent de paroles de grande soûmission & ciuilité, ils luy refuserent pourtant abſolument de faire cet achat, & firent tant, qu'il ceſſa de les en preſſer.

Ce combat fut petit en comparaiſon de celuy dont ie vay rapporter la ſubſtance. Vn des grands de la Doüanne, que ie ne nomme pas pour raiſon, donna ordre à Monſieur le Conſul, & à ſon Chancelier, de venir vn matin en ſa maiſon, accompagnés des deux Peres, & du Truchement; choſe bien extraordinaire; car comme cet homme eſt marié, aucun homme conſiderable, s'il n'eſt proche parent, n'entre iamais dans ſa maiſon. On s'y rendit donc à heure preciſe, & on s'arréta dans vn veſtibule, ou allée fort mal propre, dans laquelle nonobſtant ſon grand pouuoir, & ſes richeſſes, il donne pourtant parfois audiance à ceux qui le viennent trouuer pour choſe preſſée, & qui regarde ſon intereſt particulier. On eut ordre aprés d'entrer iuſques dans ſa court, laquelle, à la maniere de

toutes les maisons mediocrement belles d'Alger, ressemble à vn preau de Cloître de Religieux, ayant autour, tant en bas, qu'aux étages d'enhaut, quatre galeries. Cette court assés petite est proprement panée de carreaux de marbre, il y a d'vn côté beaucoup de ruches remplies d'abeilles, & à l'opposite on y void vn volet de pigeons patus. Cet homme puissant descendit, & ayant fait asseoir auec ciuilité toute la compagnie dans des fautueïls preparez, il prit la place la plus honorable, & faisant vn grand discours en Turc, où il méloit quelques phrases Espagnoles, il fit entendre qu'il auoit bonne volonté, & grande inclination pour les Peres, & qu'il auoit dessein de les obliger, mais qu'il les prioit & conjuroit d'acheter dix ou douze de ses Esclaues, que luy-même leur choisiroit ; que puis-qu'ils venoient pour faire la charité aux pauures Esclaues, ils ne deuoient pas exclurre les siens de
leur

leur liberalité, qu'il auroit égard à cette deferance qu'ils lui rendroient, & qu'en échange dans toutes les rencontres il les fauoriseroit. Il fit même paroître ces dix ou douze Esclaues qui auoient bon visage, & sembloient être robustes, & il les excitoit à parler aux Peres, & à gagner sur eux qu'ils les rachetassent. Mais attendu que cette façon d'agir, quoy qu'assez ordinaire aux Puissans dans la ville d'Alger, est neantmoins violente, & diminuë cette pleine liberté dans laquelle les Peres Redempteurs doiuent être pour les rachats, les Peres s'excuserent par diuerses fois, & firent entendre que s'ils procedoient de la sorte, ils se nuiroient à eux-mêmes, & porteroient même prejudice au commerce d'Ager; en vn mot ils témoignerent qu'on fist de leurs personnes, & de leurs aumônes, ce que l'on iugeroit à propos; mais qu'ils ne vouloient consentir à cet achat qui ne les accommodoit pas Le

Truchement par diverses reprises témoigna aux Peres qu'il craignoit pour eux que cet homme étoit le tout puissant, que comme il pouuoit leur donner vne forte protection, aussi il étoit capable de ruïner leurs affaires. Mais les Peres se confians en Dieu, de qui ils ménageoient les interests; & ayans d'ailleurs égard à l'état de la ville, estimerent que le danger n'étoit pas si grand; c'est pourquoy ils ne voulurent pas démordre de leur sentiment. Leur fermeté mit en colere cet homme d'authorité; il leur dit qu'il les auoit priez d'vne chose qu'il eût pû auoir d'eux par autre voye, que quand ils voudroient donner mille piastres pour vn seul de ses Esclaues, qu'il ne s'en défairoit pas en leur faueur, qu'ils commançassent & hâtassent leur redemption, & qu'ils se retirassent du Pays auec Dieu; c'est la phrase dont ils se seruent donnant congé à quelqu'vn. Les Peres furent contens de cette derniere réponse; mais le bruit se répandit qu'vn tel étoit faché contr'eux, & leurs amis apprehendoient qu'il ne leur fist joüer quelque piece.

Chapitre IX.
De quelle maniere s'achetent les Esclaues dans la ville d'Alger.

Deuant que de parler de quelle façon les Peres Redempteurs achetent les Chrétiens detenus parmy les Barbares, il y a deux choses à remarquer. La premiere est que lors que l'on a fait la prise de quelque Vaisseau, Barque, ou Galere, la dixiéme partie de la prise appartient à la Doüanne, comme qui diroit la Ville, ou la Republique, eux la nomment le Bellic; de sorte que de cent Esclaues la Doüanne en a dix; elle les tient dans vn Baigne, ou grande maison en forme de prison & les occupe aux ouurages qui concernent le public, comme à reparer les murs, à porter des materiaux pour les fortifications, pour le mole du Port, pour les Mosquées, &c. Et quand la Doüanne vend vn de ses Esclaues, elle est obligée en même temps d'en acheter deux autres, crainte que le nombre se diminuë. Les autres Esclaues sont partagez aux Officiers qui étoient dans le Vaisseau victorieux, & à ceux à qui appartient ce Vaisseau, & qui ont fait les frais necessaires pour la nauigation. Ores quand châcun a ce qui luy doit écheoir d'Esclaues, il les occupe à ce qu'il luy plaist. Les vns les font aller sur mer pour seruir de Matelots, ou d'autres Officiers. Les autres les enuoyent aux montagnes pour couper du bois, tirer de la pierre, & s'occuper à autres semblables trauaux de fatigue. Les autres les occupent à labourer la terre, à faire des fossez, à traîner des charretes, à garder du bestial, à cultiuer des iardins, dans leurs metairies qui sont à quelque distance de la ville, & que communement ils appellent iardins : & soit dans les montagnes, soit dans les iardins, les pauures Esclaues sont tres-mal nourris, leur pain qui est leur seul aliment n'étant pas à demy cuit. Les autres les occupent au métier qu'ils sçauent exercer, ou à coups de bâtons en peu de temps ils leur en font apprendre vn. Les autres les employent à aller comme incessamment querir de l'eau, ou moudre le bled, ou pétrir le pain, ou rendre les seruices dont s'acquittent en France les valets & les seruantes.

La seconde chose qu'il faut remarquer, est que si vn Patron a trop d'Esclaues, ou qu'il s'en vueïlle défaire de quelqu'vn, il s'en peut accommoder auec qui il luy plairra, & le luy donner au prix dont ils conuiendront entr'eux, sans qu'il soit requis autre ceremonie. Mais si quelqu'vn veut trafiquer en Esclaues, comme en France on feroit en cheuaux, ou en vaches, on les expose dans vn certain lieu de la ville, qui est le marché destiné pour ces ventes, & qui se nomme Baptistan: au milieu il y a vn quarré de maisons, & autour quatre ruës, dans lesquelles on fait marcher & courre les Chrétiens ; ceux qui les veulent acheter ont liberté de voir s'ils sont forts, & robustes, s'ils n'ont point quelque playe & incommodité qui les rende moins propres au trauail, & à raison de laquelle ils soient de moindre prix. Si on n'en trouue pas la vente, on les promene par toute la ville, & le Maquignon, ou celuy qui en doit faire la vente crie, *Arrache, Arrache*, comme qui voudroit dire, *à vendre*, ou *qui veut acheter*. D'ordinaire aprés les prises, certains Turcs, ou Mores, achetent les Esclaues à bon marché afin de les reuendre aprés beaucoup plus cher.

Mais lors que les Peres Redempteurs s'apliquent au rachat des Chrétiens, on y procede d'autre façon. Quand les Peres ont rencontré ceux qui leur sont recommandez par les Prelats, ou par les villes, ou qu'ils croyent deuoir être rachetez, ils leur disent d'ordinaire qu'ils ont dessein de les retirer pourueu que leur Patron soit raisonnable, qu'ils tâchent de le faire preuenir par quelqu'vn qui ait ascendant sur luy, & de pressentir à quel prix au dernier mot il le vendra. Quand cela reüssit, on fait auertir le Patron tel qu'il soit, ou Turc naturel, ou More, ou Coloris, c'est à dire nay d'vn Turc dans le Pays, ou Renié, que s'il veut vendre tel Esclaue, il peut l'amener, & que l'on tâchera de s'accommoder. Le Patron venant auec son Chrétien, on appelle en même temps le Truchement; le marché d'ordinaire ne se conclud qu'apres diuerses propositions de part & d'autre. Comme l'on a affaite à des gens cauteleux, il faut vſer de mille ſoupleſſes pour conclurre heureuſement vne affaire, il faut picquer les Turcs d'honneur, de charité, de reconnoiſſance des bons ſeruices qu'il a tirez du Chrétien, & ſur tout repreſenter que l'argent de l'aumône eſt preſque épuiſé, & que le Patron ne rencontrera iamais vne ſi belle occaſion de ſe défaire de ſon Chrétien. Si le Patron fait le fâcheux, & veut ſortir, on l'oblige par ciuilité cinq ou ſix fois de ſe raſſeoir; quelques-vns par fois l'embraſſent, le conjurans de faire bon chemin au Chrétien, ſelon la phraſe du Païs: quelques-vns feignent vouloir donner d'aumône pour ce rachat cinq ou dix piaſtres, afin de porter le Patron à rabattre quelque choſe: enfin le pauure Chrétien voyant que c'eſt là comme l'inſtant deciſif de ſon bon-heur, ou de ſon infortune, ſe met à genoux, baiſe les pieds & les mains de ſon Patron, & conjure

les

les Peres Redempteurs de ne pas laisser échaper l'occasion, mais de conclurre le marché sur le champ, crainte que le Patron ne se retracte. Enfin les Peres réconnoissans qu'ils ne peüuent faire rien rabbatre dauantage, vuident vn sac d'argent sur la table, & le Truchement le compte vne ou deux fois : alors tant le Truchement qu'vn des Peres Redempteurs écriuent le nom & le prix du rachat du Chrétien, & marquent aussi le nom du Patron (sur quoy il faut remarquer que nul rachat n'a de fermeté qui se fait hors de la presence du Truchement, qui est exacte à écrire quelque marque par laquelle l'esclaue puisse estre discerné.) Alors l'esclaue baise la main du Patron, & des Religieux, qui en trois mots l'auertissent, que comme il sort de la condition seruile, aussi il s'affranchisse de l'esclauage du peché, & qu'il viue en veritable Chrétien, & serue fidelement Dieu qui vient de luy rendre la

L

liberté. On fait sçauoir au Patron, que deuant que de sortir du logis, il examine les especes qu'il a receuës, & qu'aprés on ne receura pas les pieces qu'il rapportera pour estre ou fausses ou legeres. Le Patron se met à terre dans la galerie, & souuent amene ou enuoye querir quelqu'vn pour l'aider à bien considerer tout ce qu'il a receu : que s'il n'est expert aux monnoyes, ou qu'il n'ait personne qui l'assiste, il demande qu'on luy permette que le Chrétien sorte auec luy, & que le mesme rapporte les pieces qui ne seront pas trouuées de bon aloy. Si le Patron est homme puissant, il prie que le rachat se fasse chez Monsieur le Consul, ou depute chez les Péres vn de ses amis pour agir en son nom. Les Peres agirent suiuant ce style, & auec l'assistance de Dieu ils racheterent en peu de iours vn bon nombre d'esclaues de diuerses Prouinces du Royaume.

CHAPITRE X.

D'vne rude persecution qui s'éleue contre l'Eglise en la ville d'Alger.

LE nombre des affranchis s'augmentant, les Peres Redempteurs qui iusqu'alors alloient tous les iours celebrer la sainte Messe chez Monsieur le Consul, auec lequel ils conferoient aussi sur les épineuses difficultez qui se presentoient chaque iour ; ils resolurent de faire dresser chez eux vn Autel dans vne belle & spacieuse chambre haute de leur logis, afin que les Chrétiens rachetés, & les autres qui en fort grand nombre les abordoient tous les iours, eussent la commodité d'entendre la sainte Messe, & aussi afin qu'en ce lieu on fist les prieres du soir, & qu'aux iours conuenables on y exhortât les

Chrétiens, & leur administrât les Sacremens.

Cette Chrétienne pratique dura quelques iours ; mais elle fut interrompuë par ce qui va estre rapporté, remarquant auparauant quel est l'état de l'Eglise Catholique & Romaine en Alger.

Les membres viuans de la veritable Eglise, où les Catholiques sont en grand nombre dans la seule ville d'Alger, & les iardins voisins, si i'asseure qu'il y en a plus de douze mille, ie ne croy pas exceder : il y a d'ordinaire vn Prestre qui en qualité de Vicaire Apostolique deputé par le Pape gouuerne ce troupeau. Depuis plusieurs années Messieurs les Prestres de la Mission de Saint Lazare de Paris ont cet employ, dont ils s'acquittent fort fidelement à la gloire de Dieu, & pour l'édification du prochain. Le Tres-Reuerend Pere Ignace Vidondo Religieux Espagnol de la Mercy, dans son Ouurage de la Redemption loüé fort leur zele. Il y a cinq endroits dans la ville où ces pauures Chrétiens affligés, & souuent tous meurtris de coups, & à la veille d'estre mis en pieces, vont chercher de la consolation en oyant la Messe, receuans les Sacremens, écoutans des exhortations, & assistans à quelque partie des Offices diuins. La premiere Chapelle qui est comme la principale, à cause que Monsieur le Vicaire Apostolique y officie, est chez Monsieur le Consul. On y peut chanter, prêcher, & faire assemblée, sans que les Turcs y contredisent, ou qu'entrans dans la maison ils commettent dans la Chapelle aucune irreuerence. Il y a de plus quatre Baignes ou prisons où il y a Chapelle capable de contenir à la fois deux cens personnes. Ces autres quatre Chapelles sont dans le Baigne du Roy, dans celuy de la Doüanne, dans celuy du Coloris, & dans le quatriéme du Cheliby, & sont comme tout autant de Parroisses seruies par des Religieux esclaues, tantôt en plus grand, tantôt en plus petit nombre : les mois passés pour le seruice de chaque Eglise il y auoit enuiron trois ou quatre Prestres. Sur quoy il y a grand sujet d'admirer la conduite de la Prouidence de Dieu : on s'étonne que l'esclauage étant la peine du peché, tant de bons Religieux qui ont quitté le monde pour s'attacher plus fortement à Dieu, & faire en la Religion de grands progrez dans la pratique des vertus, specialement de la conformité à la volonté de leur diuin Maître, tombent dans l'esclauage, comme s'ils étoient des scelerats, & criminels de Leze-Maiesté diuine & humaine. Mais cet étonnement arriue de ce que l'on ne considere pas que Iesus-Christ est mort pour tous les esclaues arrétés en Barbarie, aussi bien que pour les fideles qui iouïssent de la liberté en Terre Chrétienne ; & que son amour enuers eux l'oblige à leur enuoyer diuers Prestres de la plufpart des Ordres Religieux, afin qu'ils foient fecourus en leurs neceffités fpirituelles, & qu'ils ayent vn iour part à l'heritage celeste. Vn General d'vn Ordre enuoye vn braue Predicateur d'Espagne à Naples pour y annoncer les verités de l'Euangile : mais Iesus-Christ veut qu'il trauaille à fa vigne qui eft en Affrique, qu'il la cultiue, & luy fafse porter des fruits abondamment. Cela n'arriueroit pas fi ce fçauant & zelé Predicateur, fi ce Miffionnaire deftiné pour les Indes, fi ce Religieux qui va comme Commiffaire de fon General vifiter les Conuens de la Mercy en Oran, en Maiorque, en Sardaigne, ou Sicile, ne tomboit entre les mains des pyrates, & n'étoit mené à Alger pour y prêcher quelques années, pour y faire miffion, & trauailler au falut & à la confolation de fes freres Chrétiens, mourans de déplaifir & d'affliction. C'eft pour ce fujet aussi que Dieu permet que les Peres Redempteurs contre les auis qu'on leur auoit donnés, contre les resolutions mesme qu'ils auoient prises, s'engagent insensiblement pour les autres, & sont obligés d'arréter en ce Païs de malediction ; & qu'étans engagés, on ne les en retire qu'aprés des années entieres; tout cela arriue asseurement afin que la presence des Peres Redempteurs en Barbarie empêche beaucoup de maux, & procure à ces infortunés de tres-grands biens spirituels. Il y a donc presentement en la ville d'Alger, des Obseruantins, des Dominicains, des Augustins, vn Pere Capucin, & vn Carme Déchaussé, tous occupés à seruir les Eglises des Baignes, & administrer les Sacremens aux fideles, qui sont partie François, ou Espagnols, partie Italiens, ou des autres endroits où la Religion Catholique fleurit : ils reçoiuent leur mission de Monsieur le Vicaire Apostolique tenant lieu d'ordinaire, d'ordinaire, & s'appliquent aux miniſteres ſpirituels chacun ſelon leur capacité. L'Oeconome ou Sacriſtain de l'Egliſe du Baigne, a ſoin de l'entretenir d'ornemens, & de tout ce qui eſt neceſſaire pour celebrer la ſainte Meſſe ; il donne ordre que d'interualle en interualle on celebre pluſieurs Meſſes, & que les Prêtres ne manquent pas de retribution.

Sur ce point le lecteur ſouffrira quelque difficulté, & demandera ſi les patrons ſe priuent volontiers du ſeruice que leurs eſclaues Religieux leur pourroient rendre, & s'ils conſentent facilement qu'ils demeurent dans les Baignes, & y exercent les fonctions Eccleſiaſtiques. Pour la reſolution de ce doute il faut ſçauoir que les patrons ont vn pouuoir abſolu ſur tous leurs eſclaues : ſuiuant cela vn patron pourroit obliger vn Religieux ſon eſclaue à trauailler aux montagnes, à ramer aux galeres, & à s'acquitter dans ſa maiſon des plus vils miniſteres : mais

M

comme plusieurs Patrons, & non pas tous, consentent que leurs esclaues s'appliquent à ce qu'ils voudront, moyenant qu'ils leur payent la lune, c'est à dire que par mois ils leur rendent le profit d'vne piastre & demie, ou de deux piastres, ou de plus grande somme ; ainsi fort souuent les Patrons des Religieux, ou Papasses, aprés l'entremise de quelques amis agréent que ces Prestres captifs demeurent, & s'acquittent de leurs ministeres dans les Baignes, pourueu qu'ils soient payés de la lune. Ores les simples Chrétiens contribuent liberalement de leurs petites épargnes, afin que les Religieux satisfassent à cette lune, & ayent tous les iours vne honneste retribution de leurs Messes, afin qu'ils viuotent, & s'entretiennent de ce qu'il leur faut tant en santé qu'en maladie.

Ces bons Religieux esclaues exerçoient donc à l'ordinaire leurs fonctions dans les Baignes, & les Peres

Redempteurs se seruoient de l'Autel qu'ils auoient dressé dans leur maison, lors qu'il s'éleua dans la ville vne émeute & persecution contre l'Eglise pour le sujet que ie vay dire. On receut nouuelle en Alger qu'en Espagne on traitoit fort mal les Mores; c'est pourquoy les Turcs & autres d'Alger prirent resolution de s'en vanger, & de ietter feu & flâmes contre les Espagnols captifs; & sur tout contre les Religieux, auec dessein de s'en prendre aussi aux Eglises, & de n'épargner aucune chose sacrée qu'ils rencontreroient. Les patrons commencent à faire raser tous les cheueux & la barbe à leurs esclaues Espagnols, & sur tout aux Religieux, afin que cet état les humiliât, & les fist tomber en confusion. En effet dés ce iour-là vn Capitaine Espagnol fort pieux, & tres-prudent, qui demeuroit au logis des Peres Redempteurs, fut obligé d'obéir à son patron, qui luy fit mettre à bas tout le poil, & on traita de mesme manière tous les Religieux esclaues, afin qu'aprés ils fussent le sujet de la raillerie, & du mépris de toute la ville. Presque en mesme temps les Mores coururent auec grande impetuosité & vn étrange transport dans les Eglises des Baignes, afin d'y détruire, mettre en pieces, & ietter au feu tout ce qu'ils y rencontreroient, & auec volonté de n'épargner pas mesme les choses les plus sacrées. Il est vray que les Prestres par vn certain pressentiment de ce qui deuoit arriuer, auoient détourné vne partie de ce qui merite d'estre plus reueré : mais le reste fut foulé aux pieds, déchiré, brizé, & passa par les flâmes; en suite ces sacrileges fermerent & barrerent les Eglises, afin que les Prestres n'y pûssent rentrer. La rage de ces Mahometans ne s'arrêta pas là ; car il y eut ordre de la part de la Doüanne que tous les Religieux esclaues trauaillassent manuellement, & fussent employés pendant vne saison bien chaude à trauailler aux fortifications, foüissans la terre, transportans de l'eau, & des materiaux, & tirans à guise des cheuaux des charrettes pleines de pierres ; il fallut sans contredit obeïr à ce commandement si rigoureux. Tous ces bons Peres se souuenans de ce que les anciens Martyrs auoient souffert pour la querelle de Iesus-Christ, allerent librement au trauail ordonné, & ils benissoient Dieu de ce qu'il vouloit ces iours-là les éprouuer extraordinairement : on exigeoit d'eux beaucoup de besogne, & on ne leur donnoit pour toute refection que du pain & de l'eau ; si bien qu'ils succomboient sous la pesanteur du trauail. Monsieur Huguet Vicaire Apostolique les alla consoler en leur atelier, & leur distribua quelques aumônes, afin que le soir ils eussent quelque refection plus solide. Le tres-Reuerend Pere Castellar les ennoya

aussi saluër au lieu où ils trauailloient, & leur fit porter dequoy reparer leurs forces, & remedier à la
foiblesse à laquelle les fatigues ex-
cessiues & les ieûnes outre mesure
les auoient reduits. Enfin ces hommes qui par leur patience dans les
peines se faisoient paroître veritables enfans & imitateurs de Iesus
Crucifié, quoy que leur courage
allât toûjours s'augmentant, furent
tellement debilités, qu'il fut necessaire que l'on consentist qu'ils prissent vn peu de repos, & que gar-
dans la maison, ou plûtôt l'hôpital,
ils se tinssent attachés à leurs pauures & durs grabats.

Les Peres Redempteurs de France
étans de bonne heure auertis des sacrileges qui se commettoient dans
les Baignes par la prophanation des
choses les plus saintes, vserent de
precaution, & auec toute diligence
ôterent toutes les marques qui pouuoient donner à connoître que l'on
celebrât la Messe dans leur maison;

& afin de ne donner occasion à semblable insulte, ils s'abstinrent deformais de celebrer dans le lieu qu'ils auoient destiné & preparé pour le saint Sacrifice, s'astreignans à aller tous les iours celebrer dans la Chapelle de Monsieur le Consul.

Ores sitôt qu'ils sçeurent que la persecution contre les Religieux étoit cessée, ils retournerent vne seconde fois dans les Baignes, dont ils virent les Eglises ouuertes, mais desolées ; & aprés auoir visité, & departi quelques aumônes à tous les Hôpitaux, ils entrerent aux lieux où les Religieux presque tous incommodés gardoiét le lit ; ils témoignerent à ces deuots Religieux combien leurs peines, fatigues & humiliations leur auoient esté sensibles ; & laisserent pour chacun d'eux quelque charité, dont ces Prestres captifs témoignerent de grandes reconnoissances.

CHAPITRE XI.

Les Peres Redempteurs auancent le rachat des Esclaues.

Durant que cette persecution contre les Religieux esclaues étoit échauffée, les Peres Redempteurs s'appliquoient fort assiduement à leur ministere, ne se contentans d'écouter les plaintes & demandes de tous allans & venans; mais rachetans effectiuement quantité d'esclaues de diuerses Prouinces de France, & de differentes conditions. On ne sçauroit exprimer la consolation que receuoient ceux ausquels on donnoit la liberté, & les remerciemens qu'ils faisoient aux Peres, lesquels ne manquoient iamais à les exhorter au changement de vie, à se resoudre à viure en veritables Chrétiens, & à faire penitence des maux commis sur tout

dans

dans l'esclauage, & à se renouueler au plûtôt par vne bonne Confession. Les Peres auoient toûjours deux ou trois personnes occupées à s'informer si les esclaues dont ils deuoient faire le rachat étoient retournés de la mer, à aduertir les mesmes esclaues de venir trouuer les Redempteurs, à prier les Patrons de se rendre à la maison où se faisoient les rachats, & à faire solliciter quelques Turcs, reniés, ou Tagarins, qu'ils ne fussent pas si inflexibles pour le prix de la vente de leurs Chrétiens, mais qu'ils se rendissent vn peu plus traitables : on vsoit de toutes sortes d'artifices, & on employoit differentes personnes pour tirer des Patrons la composition que l'on desiroit. Les vns étoient fermes, & ne démordoient point de la premiere proposition ou demande qu'ils auoient faite ; & voyans qu'on ne leur accordoit le prix qu'ils demandoient, pour témoigner qu'ils auoient connoiſſance d'vn Dieu, diſoient, puiſque l'on ne ſe peut pas accorder, c'eſt ſigne que le temps n'eſt pas venu, auquel il doit eſtre racheté; quand l'heure ſera arriuée, & que ce ſera la volonté de Dieu, il retournera en ſon païs : mais d'autres dont les richeſſes ſembloient eſtre le Dieu, lors que l'on ne leur accordoit ce qu'ils demandoient, entroient en colere, s'échaufoient contre l'eſclaue, le chargeoient d'iniures, & le menaçoient de le maltraiter. Les autres alleguoient que pour les bons ſeruices que luy auoit rendus l'eſclaue, ils rabattoient telle ou telle ſomme ; & que puiſqu'ils luy faiſoient la charité, ou pour l'amour de luy, ou en conſideration de tel amy, il étoit bien raiſonnable que les Peres vſaſſent auſſi de charité en hauſſant vn peu le prix que de prim'abord ils auoient offert. Enfin d'autres Patrons plus genereux affranchiſſoient en ce temps leurs eſclaues gratis ; & ces bonnes personnes toutes ioyeuses d'auoir obtenu leur liberté, à laquelle la venuë des Peres auoit donné occasion, venoient prier que l'on les gratifiât de quarante piastres ou enuiron, necessaires pour payer le droit de la sortie, ou des portes. Quelques Turcs mesmes venoient de leur mouuement au logis des Redempteurs sans y estre appellés, & pour faire offre de leurs esclaues, asseurans qu'ils les vouloient vendre à bon marché; & d'autre passans outre disoient, vn tel Patron mourant a affranchi ce Chrétien; ou moy (à qui il appartient) ie luy donne la liberté; & quoy que ie l'aye acheté, ie ne veux pas qu'il soit dauantage vendu; il n'est plus question de rien, sinon que vous (Papasse) luy donniés les portes, & que luy faisant cette charité le remeniez auec vous en son païs.

Ainsi le nombre des Chrétiens rachetés s'augmentoit, & la famille des Peres alloit croissant de iour en iour : car sitôt qu'vn captif étoit mis en liberté, s'il auoit vn Patron raisonnable, & qui le traitât bien, on laissoit à sa liberté, ou d'y demeurer quelques iours, ou d'en sortir sur le champ : mais si le Patron étoit rigoureux, ou qu'il negligeât que son Chrétien fust mediocrement bien nourri, alors les Peres luy ordonnoient de venir loger & prendre les repas chez eux ; de sorte qu'à leur table ils auoient toûjours trois ou quatre de ceux qui auoient recemment receu la liberté ; & de plus il y auoit vne ou plusieurs secondes tables ausquelles tres-souuent vingt-cinq ou trente esclaues prenoient leur refection.

Ores comme on ne les rachetoit que pour les conseruer dans la Foy, & les gaigner de plus en plus à Iesus-Christ, aussi auoit-on à cœur qu'ils s'appliquassent aux deuoirs de bons Chrétiens : pour ce sujet on les conuioit d'entendre tous les iours la sainte Messe ; & aprés la refection du soir ces bons Chrétiens auoient grande consolation, de se rendre au moment qu'on les auertissoit à la chambre des Peres, afin d'y reciter en commun les Litanies de la tres-sainte Vierge, & de faire l'examen de conscience, selon la methode qu'on leur prescriuoit.

Ores de même que les Patrons traitans de la vente de leurs esclaues auoient differens sentimens ; aussi les pauures esclaues, du rachat desquels on ne pouuoit pas conuenir, ou pour lesquels on n'entreprenoit de conclurre aucune chose, à raison de la petite quantité des aumônes, auoient des mouuemens bien diuers. Les vns s'irritoient contre leurs parens, qui les mettoient en oubly ; les autres se plaignoient du procedé des Peres, comme s'ils eussent eu vn fonds suffisant pour vuider toutes les prisons de la ville d'Alger : quelques-vns plus raisonnables attribuoient à leurs pechez leur captiuité, & de ce qu'ils n'étoient pas du nombre de ceux ausquels on donnoit la liberté : enfin quelques autres fort des-interessés concluoient qu'il valoit mieux en retirer plusieurs, dont le rachat coûtât moins aux Peres, que s'ils appliquoient à eux seuls des sommes fort considerables, qui pouuoient plus legitimement estre partagées à plusieurs.

Chapitre XII.

Les Peres trouuent occasion de faire du bien à plusieurs, quoy qu'ils ne concluent point leur rachat.

POur bien connoître les sujets qui se rencontrent de pratiquer la charité par la voye de l'aumône dans la ville d'Alger, il est important de faire reflexion sur les besoins & necessités que soufrent les pautres Chrétiens : quelques-vns endurent la faim, leur Patron ne leur donnant pas vn morceau de pain à manger : les autres souffrent la nudité; les habits qu'ils ont apportés de Terre Chrétienne étans en pieces, & tous rompus, & personne ne leur donnant dequoy se couurir. On y en void qui sont consommés de vermine, & qui n'ont pas vn seul haillon blanc pour changer, & receuoir vn peu de soulagement. Plusieurs de ces captifs sont malades, ou blessés ; ils trouuent bien des Chirurgiens qui charitablement les solliciteroient, pourueu que quelqu'vn d'ailleurs leur donnât de bons alimens necessaires autant que les remedes pour recouurer la santé. C'est pourquoy outre les charités qui se font chez Monsieur le Consul François, il y a de belles occasions de donner l'aumône à ces paures necessiteux. Mais la disette, qui tourmente dauantage les Chrétiens esclaues, c'est qu'ils n'ont pas moyen de payer la lune à leurs Patrons; d'où il arriue qu'ils menent vne vie miserable, & qu'il tombe fur eux comme vne grefle de coups de bâtons : car plufieurs efclaues creuent fous le trauail, à caufe qu'ils n'ofent compofer auec leurs Patrons pour les lunes, pour lefquelles ils ne pourroient pas fatisfaire, & en fuite ils éprouueroient la furie & la rage de leurs Patrons. D'autres ont fait ce pacte, & rendent par mois, qui deux, qui trois piaftres; & pour s'acquitter de cette debte, les vns patiffans beaucoup portent fans ceffe fur leur col de gros barrils d'eau, qu'ils vendent par la ville; les autres debitent quelques petites merceries qu'ils reuendent cher, les ayans achetées à bon prix : mais d'autres prefque fans nombre vendent du tabac, de l'eau de vie, ou quelques autres liqueurs. Enfin d'autres s'appliquent ou à la Chirurgie, & à faire le poil, ou (ce qui eft vn grand negoce dans Alger)

à

à vendre du vin dans les Baignes, dont ils sont comptables à quelque esclaue plus accommodé, ou bien à leurs risques & fortunes : car dans les Baignes on void de tous côtés de petites tauernes, & les Chrétiens aprés auoir fait le vin, y en debitent vne tres-grande quantité, sur tout aux Turcs, & aux Mores.

C'est pourquoy dans la ville d'Alger il y a chaque iour des Chrétiens qui faute de payer la lune qu'ils doiuent, experimentent de tres-rigoureux traitemens ; & d'autres qui faute d'auoir quatre ou cinq piastres deuant eux, pour se mettre en état de pouuoir faire quelque petit gain, n'osent composer auec leurs Patrons, craignans de n'estre en puissance aprés de les satisfaire. De sorte que les PP. redempteurs ne pouuans racheter tous ceux qui imploroient leur misericorde, & demandoient la liberté, ils diminuoient leur peine, & adoucissoient leur mal, leur departissans

O

quelques piastres, ou pour se nourrir quelques iours, ou pour se vêtir, ou pour se faire solliciter dans leurs maladies, ou pour appaiser leur Patron en luy payant la lune pour vn ou deux mois, ou en leur fournissant vn peu plus pour acheter des instrumens de Chirurgie, ou pour leuer quelque petite boutique. C'étoit vne grande consolation à ces Peres de voir qu'auec deux cens piastres ils remedient à beaucoup de maux, & qu'en remettant, & faisant reuenir à soy plusieurs esprits abbatus à cause de la disete & des souffrances, ils les ramenoient au bon chemin, & auec le secours de Dieu ils les empêchoient de renoncer à la Religion Chrétienne. Les Peres redempteurs employoiét donc certaines heures à continuer les rachats, & en dedioient d'autres à remedier aux besoins de ceux qu'ils ne pouuoient pas racheter, considerans qu'ils n'étoient passés à Alger que pour secourir Iesus-Christ souffrant en ses membres necessiteux.

Chapitre XIII.

De la difficulté que les Peres souffrent à cause que le President, ou Gouuerneur de la Ville, chancelle, & ne tient pas ferme dans la parole donnée pour les portes, & droits de la sortie des Esclaues: & du danger de la perte de leur argent, dont Dieu les preserue.

Plusieurs se méprennent en ce qui concerne le prix du rachat des Esclaues. Les pauures Chrétien mêmes qui en écriuent à leurs parens, se flatent, ou souuent s'abusent, à cause qu'vn Patron demande seulement à son Chrétien 200. piastres pour le rendre franc; l'on est assez simple pour se persuader qu'en deliurant à Paris, ou à Marseille 200. écus, on satisfait à tous les frais du rachat, là où souuent les 200. écus ne sont qu'enuiron les deux tiers de la somme necessaire. Car premierement les Religieux faisant asseurer leur argent, payent dix pour châque cent qui entre en Alger. De plus, si l'Esclaue est de la Galere, ou de la Doüanne, il y a encores des frais particuliers à faire. Troisiémement, si l'Esclaue doit à des particuliers, soit Turcs, ou Chrétiens, il est necessaire d'aquiter ses debtes, ou de composer, car pour deux piastres on peut empescher sa sortie. Quatriémement, il faut payer les droits de la sortie, qui au temps de la Redemption, d'ordinaire n'excedent pas quarante-vne piastres ou écus ; mais hors du temps de la redemption, & touiours pour les Marchands, sont hauts à proportion de l'excez de la somme du rachat. Ors deuant l'arriuée des Peres Redempteurs de

France. le Gouuerneur auoit témoigné qu'à ce voyage on diminuëroit quelque chose du prix des portes : Mais lors que les Peres le saluerent pour la seconde fois ; comme l'on parla de cette matiere, il declara qu'on agiroit en cette redemption de la même maniere qu'on auoit fait en la derniere d'Espagne, payant enuiron 40. piastres pour châque personne. Comme les rachats s'auançoient, les Peres trouuerent bon que l'on parlât de nouueau de ce payemét au Gouuerneur, de crainte que lors qu'il seroit question de payer ces portes, il n'exigeât vn plus haut prix que celuy qu'il auoit déja taxé : mais on tira de luy vne réponse fort fâcheuse, qui est que pour les rachats qui excederoient cent piastres, on ne payeroit pas les portes au pied de l'aumône, mais au prix des Marchands. Les Peres reconnoissans que cela leur seroit fort prejudiciable, & tournoit au dommage notable des Esclaues, se retirerent fort tristes, & auec beaucoup d'inquietude, sur tout à cause qu'il paroissoit que Chaban Aga Galan étoit aigry contr'eux, ce qui leur faisoit apprehender qu'il ne leur joüât encore quelque mauuais trait. Ils recommanderent à Dieu son affaire propre, & retournans vne autre fois à la maison du Roy pour traiter de quelque chose auec le Gouuerneur, on luy representa qu'il étoit trop rigide enuers les Peres de la Mercy de France pour les portes, & que de prim'abord il auoit promis que tout se passeroit en la redemption presente comme en la derniere d'Espagne. Sur quoy il repartit que le priuilege de payer les portes par voye d'aumône, c'est à dire au prix d'enuiron quarante patagons, s'étendroit mêmes aux rachats de cent cinquante piastres, mais non au delà. Quelques iours aprés on retourna parler au même Gouuerneur, & aux Ecriuains, ou Secretaires, il fut conclu qu'on verroit le tres-Reuerend Pere Castellar Redempteur de la Mercy pour la Catalogne, demeuré en ôtage, & qu'on payeroit toutes les portes sans distinction comme il auoit fait, resolution qui satisfit beaucoup les Peres Redempteurs.

Ores ces entreueuës qu'il leur falloit auoir tres-souuent auec Monsieur le Consul, & les autres courses qu'ils étoient obligés de faire par la ville, soit pour aller à la maison du Roy, soit pour aller conferer auec le Tres-Reuerend Pere Redempteur retenu en ôtage, ne se faisoient pas sans que par la ville on leur fist diuerses pieces. Il est vray que les personnes âgées les attaquoient rarement ; vne fois vn certain rénié commença à crier, que puis-que ces Papasses étoient François, il les falloit brûler : mais d'ordinaire c'étoient les enfans qui les molestoient ; les vns leur crachoient au visage, les autres leur jettoient des pierres ; il y en auoit qui les tirailloient par les habits, qui les pouſſoient, & qui auec vn bâton leur donoient quelque coup; tous s'offenſoient ſi on les preſſoit tant ſoit peu, & leur reprochoient de ce qu'au langage du Païs ils ne crioient pas *balec*, qui ſignifie, détournés-vous. Auſſi les Religieux éuitoient de donner priſe ſur eux, & ſur tout paſſé quatre heures aprés midy ils ne ſortoient pas dehors, obſeruans en cela la coûtume des Chrétiens, qui depuis que le More à cette heure-là a crié du haut de la tour de la Moſquée, ne paroiſſent point dans les ruës, craignans que quelque Turc ſortant alors ſaoul & enyuré de la tauerne, ne ioüe des couteaux qu'il porte toûjours à ſa ceinture, & ne les bleſſe à mort, comme l'on rapporte que ſemblable mal-heur eſt arriué à quelque Peré Redempteur d'Eſpagne. Ie ne veux icy obmettre que l'on rapporta aux Religieux, que quelqu'vn auoit deſſein,

dessein, lors qu'ils seroient sur le point de leur départ, de tuer l'vn des trois : ils se mirent sous la protection de Dieu, & de la sainte Vierge, esperans que Dieu les preserueroit de cette violence; en effet il ne leur arriua rien d'extraordinaire. Au reste deuant que de finir ce Chapitre ie ne dois obmettre que les Peres Redempteurs ne gardoient dans leur chambre que l'argent qu'ils pouuoient employer en deux ou trois iours, reseruans le reste en depost en quelque autre maison qu'ils estimoient estre plus asseurée; mais Dieu permit qu'vn domestique laissât la nuit la porte ouuerte qui donne sur la ruë ; de sorte qu'il étoit facile à plusieurs Turcs qui auroient eu mauuais dessein, d'entrer dans cette maison, & de se saisir des deniers de la redemption, & d'autres sommes considerables destinées pour estre employées par d'autres personnes pour le rachat de certains particuliers ; mais Dieu dé-

P

tourna ce mal-heur. Le Mezüart, qui eſt comme le bourreau, & qui faiſant auſſi fonction de Preuôt, de Cheualier, ou de Lieutenant du Guet, viſite les ruës de la ville durant la nuit, étant accompagné de Chaoux, qui ſont des Sergens, & Archers, frappa par hazard contre cette porte, & la trouuant ouuerte, y entra auec ſon eſcorte, & faiſant grand bruit dans la cour pour éueiller le maître du logis, il ſe retira ſans cauſer aucun dommage. On s'apperceut incontinent du grand danger où l'on auoit eſté; car ce Mezüart pouuoit adroitement enuoyer quelque canaille pour piller ce logis: mais Dieu ne permit pas qu'il arriuât aucun dommage nonobſtant cette negligence, montrant bien qu'il protegeoit ce lieu où il eſt fidelement ſerui, & qu'il veilloit pour la conſeruation des aumônes faites par les perſonnes charitables pour le ſoulagement des fideles Chrétiens.

CHAPITRE XIV.

Les Peres ayans fait beaucoup de rachats, & entre autres d'vn Grec de nation, plusieurs particuliers leur mirent en main leurs deniers, afin qu'ils ménageassent leur rachat.

LEs Peres remarquans que le temps destiné dans le contrat du nolizement de la barque pour l'astarie s'écouloit insensiblement, ne perdoient pas vn moment à faire les rachats dont ils étoient chargés; & sitôt que ceux qu'ils étoient tenus de retirer, venoient de la mer, incontinent ils trauailloient à leur affaire, estimans qu'ils seroient heureux lors que tout leur argent seroit vtilement employé. En effet ils procurerent la liberté à plusieurs vieillards, qui ne pouuoient estre laissés dans ce lieu de soufrance sans quelque espece de cruauté. Ils retirerent de la chaîne des hommes qui en Terre Chrétienne pouuoient estre vtiles au public, ou mesme au seruice de Sa Maiesté. Ils ont deliuré de ces prisons d'Affrique des hommes mariés, qui éleuent maintenant leurs enfans, lesquels durant la detention de leur pere étoient comme dans l'abandon. En vn mot ils ont rendu à l'Eglise plusieurs de ses enfans, qui pressés par la force de la disette, des trauaux, des tourmens, & des confusions, auroient peut-estre bientôt abandonné le party de Iesus-Christ pour suiure auec la perte de leurs ames celuy de Mahomet. Ie feray seulement remarquer le bien qui est écheu à vn Grec tres-digne de la liberté qu'il a acquise en cette redemption. Vn ieune homme natif de Chio en Leuant ayant acheué ses Humanités postula auec de grandes instances d'estre receu à l'Habit Religieux : comme il auoit toutes les bonnes parties requises pour paruenir à cet état, il s'embarque pour venir en France, auec asseurance qu'étant arriué en la ville de Tholose on le receuroit au Nouiciat dans vne des plus celebres Compagnies Religieuses qu'il y ait en ce Royaume. Son voyage s'auance ; mais Dieu le permettant ainsi, il tombe entre les mains des Corsaires, & auec vn sien compagnon de mesme Païs, de pareil dessein, & d'égal âge, il est conduit esclaue en Alger : le compagnon nommé Antoine est caressé à Alger, & delicatement traité, afin qu'il s'enrolle entre les sectaires de Mahomet ; mais se rendant inflexible à ces appas, on le mal-mene à cause qu'il s'acquitte des obligations d'vn bon Chrétien ; ses parens apprenans son infortune, viennent de Leuant, & le deliurent aprés deux ans d'esclauage. L'autre nommé Iacques est laissé dans la seruitude, & les Turcs l'enuoyans diuerses fois sur les vaisseaux, le mettent à vne bonne épreuue. Ce braue ieune homme, soit sur mer, soit sur terre, vit fort chrétiennement, adore la conduite de Dieu enuers luy, & se soûmettant à sa volonté rend bon & fidel seruice à son Patron, & dans toutes les rencontres où on impugne la Religion Chrétienne, il la soûtient, & se mocque du faux culte qu'on rend à Mahomet: on luy soufre la liberté de parler, que l'on n'auroit pas tolerée à d'autres Chrétiens. Ce ieune garçon ayant des parens pauures n'attend aucun secours d'eux, mais il espere que si c'est pour le salut de son ame, Dieu excitera quelqu'vn à auoir pitié de luy, & à luy procurer la liberté. En effet vne personne en toute maniere recommandable ayant entendu parler à Paris de ce Grec, & de son pieux dessein, donne ordre à Marseille que l'on mette entre les mains des Peres Redempteurs dequoy le retirer. A leur arrinée à Alger l'esclaue Grec est absent, sitôt qu'il est retourné de course, les Peres l'interrogent en Latin, & par le recit qu'il leur fait de diuerses circonstances, ils reconnoissent que c'est celuy pour lequel ils sont tenus de trauailler ; ils font parler à son Patron, on conuient du prix ; vn amy de son Patron vient querir l'argent, & en liurant le Chrétien Grec aux Peres, iette des soûpirs, disant que l'on se défaisoit d'vn homme de bien. Auec la permission des Peres le nouueau racheté retourne passer quelques iours chez son Patron, qui étoit soldat, auquel les autres soldats, reniés pour la plusfart, reprochent que l'auarice l'a porté à vendre son esclaue, & que c'est vne honte à luy de n'auoir pas eu l'adresse de le faire renier ; ils adjoûtent qu'ils sont prests de luy rendre l'argent qu'il a receu des Papasses, afin qu'il retracte sa parole, rembourse les Redempteurs, & que l'esclaue r'entrant en sa premiere condition, on trauaille serieusement à le gaigner, & à luy faire quitter la Religion Chrétienne. Le nouuel affranchi entend la plus grande partie de ces discours, il en reçoit de la crainte, & acceptant l'offre que les Peres luy auoient fait & aux autres de les loger & nourrir tous, il apporte chez eux son petit equipage, ils le reçoiuent à leur table, ils sont bien satisfaits qu'il leur serue la Messe, & luy donnent la charge d'auertir les autres à la priere du soir. Par tout le voyage sur mer & sur terre il donne des marques de pieté, & d'vn esprit bien rassis, & desireux de souffrir pour se conformer à Iesus Crucifié. Au reste à peine a-il mis le pied en France, après auoir fait conoître qu'il sçait les Langues Françoise, Espagnole, & Italienne, Latine, Turquesque, Moresque, & les deux Idiomes Grecs, tant l'ancien, que le moderne, que l'on le rauit aux Peres Redempteurs sur

leur

leur attestation, & on l'envoyé à
Tolose pour s'y consacrer au service
de Dieu, & embrasser la societé,
qu'il est venu chercher d'vne extré-
mité du monde.

Au reste Dieu donnant quelque
bon succez à la negociation des Peres, lesquels dans la ville de Marseille auoient euité pour de bonnes
raisons de se charger de l'argent
d'autruy, plusieurs particuliers
ayans receu de l'argent pour leur
rançon, estimerent que Dieu beni-
roit leurs affaires, si elles étoient
traitées par les Peres Redempteurs,
pour le negoce desquels la sainte
Vierge s'interesse : on leur apporte
quantité de sacs d'argent, ils prient
d'abord que l'on les dispense de cela,
& alleguent des raisons pertinentes
de leur refus : neantmoins quelque
danger qui leur en puisse arriuer,
ils s'exposent à tout pour procurer
la liberté à ceux pour lesquels Iesus-
Christ est mort. Ils entreprennent
donc comme vne seconde, & puis

Q

vne troisiéme redemption, dépensans la somme de dix mil écus qu'ils auoient portée en Alger, maniant & donnant aux Mahometans enuiron autres huit mille écus appartenans à ceux qui venoient auec mille supplications mettre leur argent entre les mains des Redempteurs, & puis (comme il sera bientôt rapporté) empruntant de grosses sommes, & s'engageant iusques à deux mille écus. Au reste par la misericorde de Dieu tous ceux des affaires desquels ils se sont mélés, s'estiment leur estre autant obligés, que si pour leur rachat ils n'auoient pas seulement donné leur entremise & leurs soins ; mais qu'ils eussent même fourni vne partie du rachat, tant les nouueaux rachetés se trouuent bien d'auoir employé ces Peres. A quoy l'on peut adjoûter (sans dire vn seul mot qui ne soit veritable) que celuy qui presentement dans Alger agit dauantage (& sans autre interest que celuy de Dieu, &

du prochain) pour la liberté des Chrétiens François, & qui leur sert comme de frere ou de pere dans leurs plus preſſans beſoins, a dit recemment aux Peres Redempteurs, qu'il ſeroit expedient que tous les rachats ſe fiſſent en France à la maniere d'Eſpagne, où tout l'argent eſt deliuré aux Peres Redempteurs; de ſorte qu'eux ſeuls aux redemptions generales deliurent les eſclaues de leur Païs, & à bien meilleur compte que ſi à chaque pas on pretendoit racheter tantôt celuy-cy, tantôt celuy-là.

CHAPITRE XV.

Des premiers emprunts que font les Redempteurs, & comme ils disposent tout pour leur depart, donnans ordre specialement que tous les esclaues rachetés receussent les Sacremens, & gaignassent les Indulgences.

A Peine restoit-il aux Peres Redempteurs dequoy fournir mediocrement aux frais de leur retour, qu'il se presenta encore à eux des esclaues, lesquels tout consideré, & faisans reflexion sur leur profession, ils ne se pûrent dispenser de racheter ; & le fonds leur manquant, ils eurent recours à des marchands, ou commissionaires de Marseille, qui auoient fait le voyage auec eux, lesquels sans repugnance leur prêterent, mais auec les gains que les marchands pretendent en semblables rencontres. En mesme temps ils donnerent ordre afin qu'on leur cuisist dix-sept cens liures de biscuit, & pourueurent aux autres choses necessaires pour la nauigation ; & craignans que quelques esclaues ne s'égarassent, on en fit deux ou trois fois la reueuë, & le catalogue fut lû, afin que si quelqu'vn s'absentoit, on en fist la recherche : & comme la fin de semblables rachats n'est pas la deliurance corporelle, mais la veritable liberté de l'esprit, qui ne s'acquiert que par la grace iustifiante, qui nous rend enfans de Dieu, & par le salut de l'ame, vn des Peres Redempteurs par deux diuerses fois assemblant tous ces bons Chrétiens, leur remontra premierement l'importance qu'il y a d'estre net de peché, & en l'amitié de Dieu par la grace ; ce que l'on obtient par le moyen d'vne bonne Confession, toûjours neceſſaire; mais ſpecialement quand on doit entreprendre vn voyage ſur mer, où les dangers ſont ſi ordinaires. En la ſeconde aſſemblée il leur rapporta les defauts qui rendent ſouuent nul le Sacrement de Penitence, & leur enſeigna à faire vne Confeſſion valide, en ſuite de laquelle ils pûſſent ſans ſcrupule receuoir le Tresſaint Sacrement de l'Euchariſtie.

On leur donna donc dix iours, durant leſquels ils pourroient auec toute liberté à quelle heure il leur plairoit, s'adreſſer pour ſe reconcilier, & receuoir le Sacrement de Penitence, ou à Monſieur Huguet Vicaire Apoſtolique, ou aux deux Peres Redempteurs, qui ſuiuant les priuileges accordés par le ſaint Siege Apoſtolique aux Redempteurs de la Mercy, ont miſſion & pouuoir du Pape pour confeſſer les Chrétiens dans les Terres des Infideles; & en effet on vid bon nombre d'eſclaues, tant des rachetés que des

Clem.8.
ex Bullario
Ord.
fol. 213.

autres ; frequenter ces iours-là les Sacremens auec les marques d'vne grande componction. Ha! combien y en eut-il en ce temps qui auoüerent qu'ils auoient mis Dieu en oubly deuant que d'estre esclaues, & que la seruitude leur auoit esté necessaire pour leur faire ouurir les yeux de l'ame, & reuenir à eux-mesmes! De plus afin de les exciter à plus grande deuotion, & apporter de la consolation à ceux que l'on ne pouuoit pas retirer, Monsieur Huguet deferant à l'auis & priere des Peres, comme Vicaire Apostolique, ordonna les Prieres des Quarante-Heures durant trois iours ; de sorte que chaque iour le Tres-saint Sacrement de l'Autel étoit exposé le matin durant trois ou quatre Messes, & aussi sur les quatre heures, lors que l'on chantoit le Salut pour donner la Benediction. Toute cette ceremonie se passa dans la Chapelle de Monsieur le Consul, & le Dimanche, qui fut la clôture de cette loüable deuotion, Vespres furent chantées en mesme endroit (où il y auoit grande assemblée) par Monsieur le Vicaire Apostolique qui officia, & par plusieurs Religieux de diuers Ordres qui s'y trouuerent, auec grande édification de tous les assistans.

Chapitre XVI.

De l'Auanie, ou obligation que Chában Aga Gouuerneur de la Ville impose aux Peres Redempteurs, bien que reduits alors à une grande disette, de racheter deux esclaues au profit de la Doüanne.

Les Peres ayans disposé les preparatifs spirituels & corporels pour le retour de leur troupe en France, ne restant, ce leur sembloit-il, que de payer le droit des portes

à la

à la sortie, le Gouuerneur les oblige de trouuer de nouueau de l'argent pour le sujet qui va estre raconté.

Vn des Grands de l'Estat d'Alger ayant esté banni de la Ville par ordre de la Doüanne, pour estre trop puissant, ou à ce que l'on luy imputoit, pour auoir entrepris quelque chose au preiudice du public; & étant relegué à vne terre distante de la Ville de quelques vingt lieuës, deux de ses esclaues Chrétiens, & François, soit à raison de quelque mauuais traitement qu'ils receuoient, soit sur la nouuelle de la redemption qui se faisoit en Alger, quittèrent leur Patron, & cherche‑ rent refuge en la ville. Le Gouuer‑ neur étant auerti de l'arriuée de ces esclaues, les fit apprehender comme fugitifs, & conduire à la maison du Roy; puis il prit resolution tant pour faire piece à leur Patron, que pour se témoigner fort zelé pour le bien public, de les faire vendre au profit de la Doüanne. Pour ce sujet

R

il les fit expofer en vente au Bau-tiftan, qui eft le marché où fe vendent les Chrétiens; puis les conduire & reconduire par la ville, afin que l'on en trouuât de l'argent : mais comme il y auoit fujet de craindre que le banni ne fe rétablift dans fa premiere fortune, & qu'il ne cherchât querelle à celuy qui auroit fait nouuelle acquifition de fes deux efclaues, perfonne ne les voulut acheter, chacun aimant mieux la paix & le repos, que d'acheter à bon compte & à bas prix les deux fugitifs.

C'eft pourquoy le Gouuerneur voyant que ceux du Païs ne faifoient état de fa marchandife, il s'auifa de la faire vendre aux Peres. Il les enuoye querir en hâte par vn Chaoux, afin qu'à l'heure mefme ils le viennent trouuer. Faute de rencontrer le Truchement, dont la compagnie leur étoit neceffaire, ils ne vont pas le mefme iour à la maifon du Roy ; le lendemain il leur enuoye personne expresse pour leur dire qu'il les prie d'acheter de luy à vn prix fort raisonnable deux esclaues au profit de la Doüanne, qu'il desire qu'ils les viennent querir sur le champ, & qu'ils payent comptant le prix du rachat ; & que s'ils ne deferent à sa priere, on passera au commandement, & qu'on leur fera executer par force ce qu'ils n'auront pas voulu faire de bonne grace. Les Peres qui n'auoient pas cent aspres ou liards à employer à ce rachat, & qui ne sçauoient où en trouuer, auoient quelque pensée de resister au Gouuerneur ; mais d'autre part ils auoient sujet d'apprehender qu'on n'vsast de main mise sur eux, veu que peu d'années auparauant vn Prestre tres-vertueux faisant trop le retif à payer quelques droits que l'on luy demandoit pour certains esclaues, vn des principaux Officiers auança qu'il le falloit brûler ; & qu'il est certain que si ce Prestre sur quelque auis qu'il receut ne se fust caché, & qu'vn autre de la Doüanne ne l'eût protegé, il n'eût pas évité la peine du feu. Les Peres craignans donc que le refus de faire vne nouuelle dépense ruine leurs affaires, ils se soûmettent à la volonté du Gouuerneur, auquel ils representent, qu'attendu que leurs coffres sont vuides, il leur faut du temps pour trouuer de l'argent. En mesme temps on leur enuoye les deux esclaues, afin qu'ils les reçoiuent, & ne different pas d'en faire le payement; le lendemain on les enuoye querir, afin que sans delay ils apportent ce qui est dû pour les deux derniers esclaues. Eux n'ayans trouué de l'argent qu'auec peine, & à de gros interests, ils vont au logis du Roy, font representer au Gouuerneur, qui veut aussi à mesme temps les portes des deux, qu'ils sont tres-pauures, qu'il ne reste plus d'argent, & qu'ils le prient de ne faire plus sur eux aucune exaction, & de leur relâcher les

la Mercy en Algers. 133

portes de ces deux, dont ils ne font le rachat que par contrainte. Il leur répond qu'il leur remet les portes de l'vn des deux ; mais qu'ils donnent sur l'heure ce qu'ils doiuent, & qu'ils ne retardent pas à payer les portes de tous les esclaues rachetés, parce que la Doüanne a besoin d'argent pour payer la solde aux Officiers, & aux soldats. Les Peres luy témoignerent qu'ils prepareroient tout, & se retirerent faisans vne simple reuerence, parce qu'étant vne fois irrité contre eux, il dit tout haut qu'il n'agréoit pas que les Papasses luy baisassent la main.

CHAPITRE XVII.

Les Peres reçoiuent ordre de differer leur départ de quinze iours; & pour obuier à la cheute de quelque Chrétien chancellant, & satisfaire quelques Officiers, & nourrir leur famille groffie de beaucoup, ils font de nouueaux emprunts.

LEs Peres Redempteurs ayans fait nouuelle reueuë de leurs Chrétiens, apportent les dernieres difpofitions pour leur départ, ne penfans nullement à la deffenfe qui leur va être faite dans le Port d'Alger. Il y auoit quelques Vaiffeaux, que l'on preparoit pour conduire en Leuant : entr'autres on en chargeoit vn de quantité de fort riches marchandifes, pour la conferuation desquelles ceux d'Alger étoient fort interessés. C'est pourquoy le Gouuerneur, qui subsiste à raison du seul zele pour le bien public, que l'on remarque en luy, soit par l'aduis & la volonté de la Doüanne, soit de son pur mouuement, enuoya faire deffense à Monsieur le Consul, & aux Peres, que l'on n'eût à partir deuant quinze iours ; & la raison de cette deffense étant demandée en particulier au Truchement, il répondit que le Gouuerneur étant renié, il deuoit agir auec grande precaution ; & que si, consentant que les Chrétiens sortissent, il arriuoit alors quelque attaque à ces Vaisseaux, cela seroit imputé aux aduis que les Chrétiens étans partis d'Alger auroient donnés de la disposition de ces bâtimens aux autres Chrétiens aggresseurs ; & que la fole-enchere de tout cela tomberoit sur la tête du Gouuerneur, lequel on mal-traiteroit comme vn conspirateur contre le Pays, & vn homme d'intelligence auec les Chrétiens, dont il conseruercit encore la foy dans son cœur.

Les Peres firent grande reflexion sur quantité de grands inconueniens qui naîtroient de ce retardement. Car premierement il y auoit danger que durant ce delay les Turcs n'vsassent à leur ordinaire de ruses & subtilitez pour peruertir les Chrétiens affranchis, & que quelqu'vn des moins fermes & aduisez ne tombât dans le piege. Secondement il y auoit sujet d'apprehender qu'vn d'eux s'engageât dans quelque batterie contre les Mahometans, ou qu'aprés auoir trop beu étant rencontré de nuit dans les ruës ne fût mis derechef à la chaîne. Troisiémement, c'étoit vne grande dépense pour les Peres qui auoient à nourrir pour long-temps, nonobstant leur disette, le grand nombre de ceux qu'ils auoient rachetés, outre plusieurs autres qu'ils auoient par charité reçeus dans leur logis.

Et

Et de plus, comme l'on parloit souuent dans Alger des rencontres que les Turcs faisoient alors des Vaisseaux François, on pouuoit soupçonner que ce delay simulé étoit pour mieux couurir le dessein que les Turcs auoient d'arrêter, & de mettre à la chaîne tant les Papasses, que ceux dont ils auoient payé la rançon. Et passant plus auant ce retardement pouuoit estre l'occasion de plus grand peril sur mer, d'autant que vers le mois de Nouembre les vens sont facheux à la Côte de Barbarie, & souuent ils y causent la perte de plusieurs bâtimens. Ioint que supposé ce delay, la barque n'arriueroit en France qu'en vn temps où des gens mal vétus, ennuyés des fatigues de la seruitude, & des peines soufertes sur la mer, respireroient bien plûtôt aller goûter vn peu de repos dans leurs familles, que de se transporter au cœur du Royaume, pour y faire quelques Processions, suiuant leur obligation.

S

Mais à peine ont-ils eu le loisir de digerer le déplaisir precedent, qu'vn autre nouueau leur arriue. Ils auoient reglé certain different entre quelques Chrétiens, dont les vns étoient creanciers des autres ; & le resultat étoit que les vns iroient en Terre Chrétienne chercher dequoy satisfaire les autres, qui demeureroient en Alger. Cette composition ne s'étoit pas concluë que moyenant certaine somme d'argent assez considerable, que les Peres débourserent : neantmoins vn des creanciers faussant sa parole, entra dans tel excez de colére, & se transporta d'vne telle furie, que les Peres iugeans qu'il alloit renier Chrême & Baptême, & prendre Mahomet pour son appuy & protecteur, ils prirent resolution de le contenter à quelque prix que ce fust, mesme engageant leur propre liberté : & en effet comme on ne preuoyoit pas que l'on pûst emprunter à d'autres qu'à des Iuifs, il falloit se resoudre de demeurer en Alger pour la seureté de la somme que l'on receuroit d'eux.

A peine ce second pas si facheux fut-il franchi, qu'il s'en rencontra vn troisiéme, où il y auoit encore danger de broncher. Le Gouuerneur chaque iour faisoit dire aux Peres qu'il étoit pressé d'argent pour fournir la solde aux Officiers, & simples soldats, & que pour cette raison ils ne differassent pas de payer toutes les portes, dont ils étoient chargés, lesquelles montoient à plus de trois mille écus. Comme les Redempteurs eurent porté la plus grande partie de cette somme pour les portes de soixante Chrêtiens; le Caie, qui est le Lieutenant du Gouuerneur, & les Mansulagas occupés à compter l'argent, se plaignirent qu'on ne leur payoit pas leurs droits: les Peres repliquoient qu'il ne leur étoit rien dû de surplus; mais le Gouuerneur deuant decider ce different, & n'ozant choquer les siens, ordonna de payer ce que ces Officiers pretendoient de droits pour chaque esclaue.

Voilà bien des embarras pour les Peres ; mais ils ne sont pas à la fin. Quelques esclaues pour obtenir plus facilement leur rachat des Redempteurs, leur auoient témoigné qu'il n'étoit question que de sortir d'affaire auec leurs Patrons ; mais que pour les droits des portes, ils ne seroient nullement à charge, ayans ou dans leurs bourses, ou dans celles de leurs amis, dequoy les payer. On se rendit facile à les croire ; neantmoins quand ils furent sollicités de faire paroître les especes destinées pour ce payement des portes, ils saignerent du nez, alleguans que les affaires de leurs amis étoient changées, & qu'ils n'auoient plus la commodité de les assister ; si bien qu'il falloit ou arréter en Alger, ou que les Peres trouuassent dequoy accomplir ce payement.

Tous ces emprunts comme indispensables pour mettre la derniere main aux affaires impreueuës de tant de perſonnes, ſelon le cours ordinaire des choſes, demandoient que l'vn des Peres demeurât en ôtage; & en autre temps ils n'auroient pas trouué de l'argent à emprunter ſans ſe donner eux-meſmes pour gage & caution. Mais en cette conjoncture, Dieu qui permit la naiſſance de toutes ces difficultez, eut la bonté de les applanir, faiſant que des marchands de Marſeille fiſſent offre aux Peres de leur fond, à condition d'eſtre rembourſés dans vn mois en France pour le principal, & les intereſts du change maritime.

Les Peres ayans donc receu de la bourſe de ces negocians François (leſquels en cela meſme ils obligerent extremement) dequoy ſubuenir à tous ces beſoins inopinés, & ayans payé iuſques au dernier aſpre tout ce qu'ils deuoient dans la ville d'Alger, ils amaſſent en diligence tout leur monde, afin que lors qu'il faudra paroître à la maison du Roy, & que la Doüanne y étant assemblée on y sera mandé, personne ne soit absent. Dés le Samedy precedent tous s'étans rendus du grand matin chez les Peres, l'vn allant auec le Patron de la barque & le Truchement à l'Alcaffane, pour obtenir la permission de partir, l'autre leur fit exhortation, & leur enseigna à voyager en bons Chrétiens, ayans souuent recours à la priere, soufrans auec patience les incommodités de la mer, & les defauts de leur prochain ; bref s'entresoulageans les vns les autres, & sur tout s'abstenans d'offenser Dieu. Le Samedy aprés midy il fallut acquitter les debtes de ceux qui deuoient partir ; car sans cette satisfaction & acquit les creanciers eussent pû les retenir dans la ville d'Alger.

CHAPITRE XVIII.

De l'embarquement des Peres à la veuë de la Ville d'Alger.

LE Dimanche 29. iour Octobre, les Peres six semaines aprés leur descente au Port d'Alger, eurent permission d'en sortir. Sur le midy, aprés que toutes les hardes & prouisions furent embarquées, le Truchement vint aduertir, que si on vouloit sortir ce iour-là, il falloit aller tous en diligence à la maison du Roy, où la compagnie de la Doüanne étoit expressement descenduë de la Forteresse de la ville appellée l'Alcassane, qui est le lieu où se tient le Conseil trois ou quatre fois la semaine. Tous les pauures Chrétiens attendoient auec impatience cette heure, comme les ames de Purgatoire en desirent la sortie, si bien qu'il ne les fallut preſſer pour aller du logis à la maiſon du Roy. Les Peres y trouuerent à l'entrée de la cour vn grand nombre de ſoldats, qui y étoient bien arrangés en haye d'vn côté ſeul de la muraille; & iettans la veuë plus loin, ils s'apperçeurent que ceux qui compoſent d'ordinaire la Doüaane, ſçauoir l'Aga, 24. Aiabaſchis, auec leur Capot noir, & des Adobaſchis ſe tenans tous debout, & les mains croiſées l'vne ſur l'autre, étoient diuiſés en deux rangs, ſe regardans l'vn l'autre, & commançans d'aſſez prez le ſiege du Gouuerneur, & le Bureau des Ecriuains, iuſques tout le long de la ſalle iuſques dans la cour.

 Le Truchement s'approcha du Gouuerneur, tenant en main le catalogue des Eſclaues rachetés, & l'vn des Peres ayant prez de ſoy tous les Eſclaues, en tenoit auſſi la liſte, pour reconnoître ſi le Truchement n'en ſautoit pas quelqu'vn. A meſure qu'il les appelloit

loit tout haut, on les faifoit paffer deuant le Gouuerneur, & entre les deux rangs de toute l'Affemblée, afin que châcun les pût confiderer, & découurir s'il n'y auoit point de furprife. Cette ceremonie, acheuée il s'éleua vn grand bruit, toutes ces perfonnes parlant haut comme en grondant, & auec de la confufion; & certains Adobafchis allans deux à côté l'vn de l'autre auec grande modeftie rapportoient à l'Aga les fentimens de la Compagnie, & leur conclufion.

Tout ce murmure ne faifoit preffentir rien de bon aux Peres, qui apprehendoient que ce ne fuft là vn concert pour les arréter auec leurs Chrétiens rachetés. Alors le Gouuerneur appella le Truchement, & luy donna ordre de faire entendre aux Peres que le Confeil n'aprouuoit pas que pour les deux Efclaues recemment rachetés de la Doüanne, ils ne payaffent que les portes d'vn feul, mais qu'il falloit fur le champ

T

payer sans delay quarante & tant de piastres. Les Peres s'en voulurent deffendre, mais ce fut en vain ; de sorte qu'ils promirent de deliurer cette somme au Truchement dans la Barque. Alors le Gouuerneur leur fit témoigner par le Truchement en pleine assemblée, que l'on desiroit qu'ils sortissent conrens du Pays, & que s'ils auoient reçeu du déplaisir, & été mal-traités de quelqu'vn, ils pouuoient librement faire leurs plaintes, & qu'on leur rendroit bonne iustice ; Les Peres les remercierent de leur offre, & prirent congé du Gouuerneur, de son Lieutenant, de l'Aga, & de toute la compagnie. Le Truchement dit alors aux Peres qu'aprés cet adieu il falloit promptement sortir de la ville par le plus court chemin, qui conduit à la marine, & qu'il étoit necessaire de veiller sur les Esclaues, parce que si quelqu'vn s'écartoit, il étoit en danger de demeurer en Alger. Ainsi les Peres ayans eu le matin vn sauf-conduit (qui leur fut vendu bien cher) afin que les Vaisseaux d'Alger ne pûssent pas leur nuire, même aprés auoir touché Terre Chrétienne en quelque port, ils sortirent de la ville, & vinrent à la marine, où il y auoit des bâteaux preparés pour les passer dans la Barque. Il y eut presse à qui entreroit des premiers ; neantmoins tant les Officiers Turcs, que les Peres, & les Esclaues, passerent sans danger.

Le Truchement fit la reueuë de tous ceux qui étoient Officiers de la Barque, & de son equipage, & il les fit passer à vn bout, afin qu'on les distinguât d'auec les autres. En suite le Truchement, & autres Officiers, ayans visité l'estiue, crainte qu'il s'y cachât quelque Esclaue, ils cloüerent les planches qui le ferment, afin que personne n'y entrât. Incontinent il fit sortir de la Barque tous les Chrétiens, qui étans descendus dans les batteaux,

remontoient dans la Barque à mesure que le Truchement les nom-
moit, auquel ils découuroient leur
propre marque, dont il étoit fait
mention dans son écrit.

A peine eut-il acheué de parcou-
rir son catalogue, & fait rentrer
tous les Chrétiens, que voicy vn
Officier, nommé le Comptador,
ou Fermier des entrées & sorties des
marchandises, qui demande aux Peres vn droit sur châque Esclaue, pre-
tendant qu'il luy soit dû. Les Peres
asseurent qu'ils ne sçauent pas qu'il
luy soit dû aucune chose; aprés diuerses contestes, il fut resolu que l'on
iroit à la maison du Roy, pour faire
regler ce differend : vn des Peres y
court en diligence auec ces Officiers, que l'on declara auoir raison,
& ne rien demander que iustement.
A son retour on emprunta dans la
Barque, & on paya les deux sommes, ausquelles on auoit été con-
damne ce même iour-là.

Monsieur le Consul prit la peine d'y venir pour faire nouuel offre de son seruice aux Peres Redempteurs, & à toute la compagnie, à laquelle il donna patente nette, d'autant que depuis trois mois il n'y auoit pas le moindre soupçon, ny aucune legere apparence de contagion dans la ville d'Alger; & les Peres reconnoissans tout le secours qu'ils auoient sans cesse reçeu de sa bonté, luy en firent mille remerciemens.

Alors le coucher du Soleil approchant, on leua les voiles, qui venoient d'être renduës au Patron, & qui durant tout le sejour dans Alger, auoient selon la coutume été gardées dans les Magazins de la ville. Ores, afin que l'on sçache quelle étoit la compagnie des Peres, ie vay icy faire vn extrait du Catalogue dressé en Alger par le Sieur Sicquart Chancelier au Consulat de la même ville, des Esclaues rachetés, principalement auec les aumônes, & des autres, pour lesquels

Catalogue des Esclaues les Peres Redempteurs n'ont presque employé que leurs soins & industrie.

Catalogue des Esclaues Chrétiens rachetés l'année 1662. au mois d'Octobre en la ville d'Alger en Barbarie, par les Peres de la Mercy du Royaume de France, partis pour s'acquiter de leur quatrième Vœu solemnel, de leurs Conuens des Villes de Paris, & de Bordeaux.

1. LE Sieur Claude Garnier natif de Paris, Parroisse de Saint Leu Saint Giles, & domicilié à Marseille, âgé de quarante ans, l'année seconde de son esclauage.
2. Claude Mathy, natif de Paris Parroisse de Saint Eustache, âgé de 22. ans, le premier de son escl.

3. Nicolas Oliuier, natif de Paris Parroiſſe de Saint Paul, âgé de 25. ans, l'an 3. de ſon eſclauage.

4. Iacques Harang, natif des cartiers de Paris, & domicilié cy-deuant ſur la Parroiſſe de Saint Nicolas des Champs, âgé de 38. ans, l'an ſixiéme de ſon eſclauage.

5. André Seguin, natif de Blaye Dioceze de Bordeaux, âgé de 40. ans, l'an 6. de ſon eſclauage.

6. Michel Ferrand de Bordeaux, âgé de 31. an, l'an 2. de ſon eſcl.

7. Iean Moufflet de Bordeaux, âgé de 24. ans, l'an 4. de ſon eſcl.

8. Mathurin Dominau natif du Bordelois, âgé de 34. ans, l'an 3. de ſon eſclauage.

9. Pierre Moufflet du Bordelois, âgé de 22. ans, l'an 2. de ſon eſcl.

10. Pour Pierre Caſtagnet natif de Bordeaux, laiſſé cent vingt écus.

11. André Buet natif de Saint Nazare Dioceze de Xaintes, âgé de 55. ans, 22. ans d'eſclauage.

12. Pierre Bernelau natif de Mor-

tagne Dioceze de Xaintes, âgé de 30. ans, l'an 2. de son escl.

13. Pierre Robin natif de la Rochelle, âgé de 58. ans, l'an 17. de son esclauage.

14. Iean Margant natif de la Rochelle, âgé de 41. an, l'an 20. de son esclauage.

15. Gaspar d'Audric natif de la Rochelle, âgé de 55. ans, l'an 17. de son esclauage.

16. Pierre Verin natif de la Rochelle, âgé de 47. ans, l'an 12. de son esclauage.

17. Pierre Bobet natif du village de Champagnée proche la Rochelle, âgé de 53. ans, l'an 2. de son esclauage.

18. Iean Tiphaine natif de la ville de Saint Malo en Bretagne, âgé de 30. ans, l'an 3. de son escl.

19. Iacques Pepin natif de Saint Briac Dioceze de Saint Malo, âgé de 34. ans, l'an 3. de son esclauage.

20. Iean Cheualier natif de Saint Briac

rachetez en 1662. 153

Briac Diocese de S. Malo, âgé de 47. ans, l'an 21. de son escl.

21. Iulien Trettou natif de Hede Diocese de Rennes, âgé de 40. ans, l'an 20. de son escl.

22. Alain Chairnal natif de la ville de Saint Malo, âgé de 24. ans, l'an 4. de son escl.

23. Alain Bouthier natif de Cancale Diocese de Saint Malo, âgé de 45. ans, l'an 8. de son escl.

24. Pierre le Bras natif de Dodierne Diocese de Cornuaille en Bretagne, âgé de 52. ans, l'an 3. de son esclauage.

25. Guillaume le Moine natif d'Audierne Diocese de Cornuaille, âgé de 50. ans, l'an 20. de son escl.

26. Simon André natif d'Audierne diocese de Cornuaille, âgé de 45. ans, l'an 8. de son esclauage.

27. Guillaume Cauarron natif du Polinghen Diocese de Nantes en Bretagne, âgé de 52. ans, l'an 10. de son esclauage.

28. Iacques le Bret natif de Plein-

V

bœuf diocese de Nantes, âgé de 45. ans, l'an 10. de son escl.
29. Iean de Coste natif de Brest, diocese de S. Paul de Leon en Bretagne.
30. Iulien Flejus natif de Benin diocese de S. Brieux en Bretagne âgé de 36 ans, l'an 9. de son esc.
31. Iean Payau natif de la ville de Dol en Bretagne, âgé de 26. ans l'an 3. de son esclauage.
32. Iacques Cadou natif de l'Isle-Dieu proche la Breta.
33. Bernard d'Helix du vieux Boucaud proche de Bayonne diocese d'Acqx, âgé de 38. ans; l'an 2. de son esclauage.
34. Iean d'Hoyennart natif de la Parroisse d'Araft Pays de Soule, diocese d'Oleron, âgé de 27. ans l'an 8. de son esclauage.
35. Mathieu de la Barriere natif de Pouillon diocese d'Acqx, âgé de 26. ans, l'an 6. de son esclauage.
36. Pierre de Suberbielle natif d'Habiten en Bearn diocese d'O-

leron, âgé de 26. ans, l'an 7. de son esclauage.

37. Vidal d'Esclaux natif de Cabreton diocese d'Acqx, âgé de 70. ans, l'an 10. de son esclauage.

38. Iean de la Burte natif de Grenade diocese de d'Ayre, âgé de 22. ans, l'an 7. de son esclauage.

39. Iean d'Arehemguimberg, natif de S. Estienne en basse Nauarre, diocese de Bayonne, âgé de 20. ans, l'an 3. de son esclauage.

40. Pierre Liart natif du diocese d'Ausch en Gascogne, âgé de 26. ans, l'an 3. de son esclauage.

41. Iean Pierre natif de Tholose, âgé de 55. ans, l'an 28. de son esc.

42. Antoine-Paul Manet natif de Montpezat diocese de Caors, âgé de 36. ans, l'an 13. de son escl.

43. Nicolas Plane natif de Narbonne, âgé de 50. l'an 12. de son esc.

44. Gabriel Ianicot natif de la ville d'Aspet diocese de Comminges, âgé de 33. ans, l'an 6. de son escl.

45. Raymond Cazenot natif de la

ville de Beziers, âgé de 27. ans, l'an 3 de son esclauage.

46. Guillaume Marcous natif de Frontignan diocese de Mompelier, âgé de 30. ans, l'an 1. de son esclauage.

47. Antoine Chapelier natif de Frontignan diocese de Mompelier âgé de 31. an, l'an 1. de son esclauage.

48. Pierre Iaume natif de Frontignan, âgé de 50. ans, l'an 12. de son esclauage.

49. Antoine Arribat natif de Pezenas diocese d'Agdes, âgé de 40. ans, l'an 7. de son esclauage.

50. Pierre Icard natif de la ville d'Aix en Prouence, âgé de 47. ans, l'an 7. de son esclauage.

51. Ioseph Sarde natif de la ville de Marseille en Prouence, âgé de 50. ans, l'an 7. de son esclauage.

52. Claude Hedein natif de la ville de Marseille, âgé de 30. ans, l'an 2. de son esclauage.

53. Balthazar Nique natif de la

rachetez en 1662. 157

ville de Marseille, âgé de 38. ans, l'an 3. de son esclauage.

54. Guillaume Dauid natif de Marignane diocese d'Arles en Prouence, aagé de 35. ans.

55. Iean Emeric natif de Martegues diocese d'Arles, aagé de 36. ans, l'an 13. de son esclauage.

56. Bertrand Guilhen natif du Martegues, aagé de 45. ans, l'an 6. de son esclauage.

57. Iean-Baptiste Lombardon de la ville de Tholon en Prouence, aagé de 75. ans, l'an 3. de son esclauage.

58. Antoine Brun natif de Tholon, aagé de 38. ans, l'an 3. de son esclauage.

59. François Prouençal natif de Tholon, aagé de 38. ans, l'an 2. de son esclauage.

60. Nicolas Bernard natif de Sixfours diocese de Tholon, aagé de 40. ans, l'an 18. de son esclauage.

61. Barthelemy Sicart natif d'Ollioulles diocese de Tholon, aagé

de 32. ans, l'an 15. de son escl.

62. Gaspard Correau natif de S. Torpet diocese de Frejus en Prouence, aagé de 30. ans, l'an 8. de son esclauage.

63. Iean Auattier natif du Havre de Grace diocese de Rouen en Normendie, aagé de 40. ans, l'an 15. de son esclauage.

64. Guillaume de Maye natif du Havre de Grace, aagé de 65. ans, l'an 13. de son esclauage.

65. Iean Paray natif du Havre de Grace, aagé de 55. ans, l'an 2. de son esclauage.

66. Iean le Bas natif de Dieppe diocese de Rouen, aagé de 60. ans, l'an 12. de son esclauage.

67. Nicolas Masle natif de S. Valery diocese de Rouen, aagé de 50. ans, l'an 2. de son esclauage.

68. François l'Asne natif d'Argentan diocese de Séez en Normandie, aagé de 36. ans, le 9. de son esclauage.

69. Iean Guerin natif de Granuille

rachetez en 1662. 159
diocese de Coutances en Normandie aagé de 45. ans, l'an 15. de son esclauage.
60. Iacques Buet natif des Sables d'Olone diocese de Luçon, aagé de 38. ans, l'an 15. de son escl.

Les noms des autres Esclaues desquels les mêmes Peres de la Mercy de France en leur presente Redemption de 1662 ont seulement facilité & procuré le rachat à meilleur marché, satisfaisant leurs Patrons, & les acquitant du droit des portes au même prix qu'ils payent pour leurs Esclaues, & auançant pour les deux derniers des sommes considerables, qui font partie de six-mille liures dont ils se sont engagez pour subuenir aux besoins extrêmes de plusieurs Chrétiens qui couroient risque de leur salut.

71. Antoine Coüette natif du Havre de Grace.
72. Pierre Iouas natif de Marseille en Prouence.
73. Iean-Baptiste Fueillet natif de Marseille.
74. Louys Cabot natif de Marseille
75. Eustache Garric natif de Marf.
76. Ioseph Icard natif de Marseille.
77. Louys Odou natif de Marseille.
78. François Charlois, de Marseille.
79. Philibert Breffier, de Marseille.
80. Cesar Pracque, de Marseille.
81. Thomas d'Arbout, de Marseille.
82. Iean-Antoine Nitart, de Marf.
83. Philippe Fueillet, de Marseille.
84. François Raisse, de Marseille.
85. Honoré Comble, de Martegue
86. Desiré Martin, de la Cieutat.
87. François de Bosque, du Havre.
88. Iean Pairousset, de S. Malo.

89. Claude Sourd, natif d'Arles.
90. Iean Velin natif de Marseille.
91. Iacques Paschal natif de Genes.
92. Barthelemy Steria, de Genes.
93. Iacques Piperius natif de Scio en Grece.
94. Laurens Marcian de Tholon.
95. Le Sieur Pierre Saluagny Docteur en Medecine, de Vence, demeuré pour raison en Alger.

Sur lequel Catalogue le Lecteur est prié d'obseruer que les Esclaues qui y sont compris, montent 95. outre lesquels les Peres ont fait du bien à Valentin Roüisson de Marseille, à trois de Bayonne, & à vn autre de Bretagne, qu'ils ont tous cinq ramenez en Terre Chrétienne. C'est pourquoy il se verifie par là ce qui est auancé au titre de cette relation, où il est parlé de cent Chrétiens, ou enuiron. Et pour garder l'ordre du temps dans cette Histoire, aprés quelques pages on lira la permission qui fut donnée

Voyage des Peres de
par Monsieur le Vicaire general de Montpellier pour l'impression du Catalogue, & le certificat qui fut expedié par Messieurs les Consuls de la même ville.

Chapitre XIX.

Du trajet depuis la ville d'Alger iusques à celle de Barcelone : & de deux dangers, desquels Dieu preserue les Peres Redempteurs.

LEs Officiers de la Marine étans sortis de la Barque auec le Truchement pour retourner à la ville, plusieurs Matelots de l'équipage de la Redemption descendirent dans l'esquif; & d'autant qu'il n'y auoit presque aucun souffle de vent propre pour auancer, ils traînoient la Barque à force de rames. On alla gagner la pointe, ou le Cap de Matifou, qui est le lieu où commence la rade d'Alger; & aprés on entra en pleine mer, mais sans faire aucune auance notable; de sorte qu'à la fin des vingt-quatre heures on voyoit encore facilement la ville d'Alger, ce calme causant beaucoup d'apprehension à toute la troupe des Chrétiens rachetez, qui sçauoient que d'ordinaire les Barbares font les meilleures prises durant la bonace. Le temps de la seconde nuit ne fut pas beaucoup plus fauorable; car, à la pointe du iour on ne remarqua pas que l'on fût en vne plus grande distance que de dix lieuës de la ville d'Alger; mais on apperçeut quatre puissans bâtimens, desquels on étoit éloigné enuiron de quatre ou cinq lieuës, & qui sans doute à la faueur d'vn vent de terre s'étoient auancés. Cette découuerte intimida les passagers, & les Peres ayans recours à la priere, ceux qui commandoient dans la barque, iugerent à propos, que pour éuiter les approches des Mahometans, qui les auroient deuorés en vn inſtant, il falloit ſe dégourdir les bras, & employer autant de rames qu'il s'en trouueroit, veu qu'il y auoit bon nombre de vogueurs. On ne vid iamais des gens de mer trauailler auec plus de courage ; ſi bien que cet effort dont on vſa, ſeruit à s'auancer, & à prendre plus de vent ; il eſt certain que ce iour on fit plus de chemin que le precedent, mais on ne perdoit pas de veuë les quatre Vaiſſeaux, qui étoient le ſujet de la crainte.

La nuit il s'éleua vn vent de Leuant, ou d'Eſt, de ſorte que le Mercredy matin premier iour de Nouembre, & Feſte de tous les Saints, il parut que l'on recompenſoit le temps perdu des deux iours precedens ; mais la crainte deuint plus grande qu'auparauant, d'autant qu'outre les quatre premiers Vaiſſeaux, que l'on s'étoit perſuadé être d'Alger, il en parut deux autres, qui selon le sentiment commun, étoient de Tunis ; & allans en course vers les cartiers du Détroit, & ayans remarqué cette barque, qui n'étoit pas capable de leur refifter, fe mettoient en deuoir de luy donner la chaffe. L'apprehenfion dont on étoit iuftement faifi, donna du courage aux plus vigoureux de la compagnie, qui commencerent à s'exercer tout de bon, & à donner auec la force des rames telle fecouffe à la barque, qu'étant pouffée d'ailleurs d'vn bon vent elle fembloit voler. Les Pirates qui étoient dans l'vn de ces Vaiffeaux de Tunis, ne perdoient pas de prim'abord efperance de fe rendre maîtres de la barque, & de mettre à la chaîne, & reduire à vne honteufe feruitude tant les Peres Redempteurs, que les pauures Chreftiens, qui apres auoir fupporté tant de coups, effuyé vne fi longue mifere, & répandu tant de larmes, ne faifoient que de goûter la liberté depuis trois iours.

Il y auoit donc deſſein formé de part & d'autre, les Turcs deſiroient approcher, & donner l'attaque à ceux qu'ils reconoiſſoient être les plus foibles : les Chrétiens ne s'épargnoient pas à fuïr, & à gagner le deuant. Enfin Dieu donna l'auantage à tant de bonnes gens, qui l'eſpace de pluſieurs années auoient perſeueré conſtans dans leur Foy, nonobſtant les violences des ſuppoſts de Mahomet; ſi bien que la barque étant comme portée par les Anges tutelaires de la mer, laiſſa bien loin aprés ſoy le Vaiſſeau des Corſaires, qui changeant de deſſein ſemblerent reprendre le fil de leur courſe vers le Détroit.

Toute la troupe étant deliurée de la peur, à la ſemonce des Peres, fit quelque reflexion ſur la ſolemnité de la Fête que l'Egliſe celebroit ce iour-là; on s'appliqua durant vn temps notable à chanter deuotement vne partie de l'Office diuin : & d'autant que l'on étoit priué du

la Mercy en Algers. 167

bon-heur d'assister au saint Sacrifice de la Messe, on joignit son intention à celle de la sainte Eglise, demandant à Dieu qu'il fist part des fruits du saint sacrifice à toutes les personnes de la compagnie; & pour honnorer d'auantage le Tres-Auguste Sacrement de l'Autel reposant sur les Autels dans les Eglises des Catholiques, on chanta l'Hymne *Pange lingua*, & diuerses fois le Verset *O salutaris hostia*. Sur les trois heures aprés midy l'on chanta les Vespres du iour; & pour ne rien obmettre de ce qui ce iour-là est en vsage dans l'Eglise, on chanta aussi les Vespres des Morts; & le soir selon la pratique ordinaire, on fit les prieres qui consistoient en partie aux Litanies de la Sainte Vierge.

Ie n'obmettray pas que dés les trois ou quatre heures aprés midy toute la compagnie receut vne grande consolation apperceuant la Terre Chrétienne, & découurant l'Isle de Cabrere, qui appartient au Roy d'Espagne, où (comme nous auons appris) les Peres Redempteurs, qui allerent de France en Alger l'an 1659. receurent vne grande assistance & charité d'vn Tres-Reuerend Pere de la Mercy, qui y fait residence, & y administre les Sacremens aux soldats. Sur les huit ou neuf heures du soir le vent de Siroc, ou Sufuest, étant fauorable, on commença à toucher la hauteur de Maiorque, & le Ieudy du grand matin on reconnut que l'on laissoit à main droite cette Isle, où d'ordinaire les Peres de la Mercy du Conuent de la ville de Maiorque font grand accueil aux Peres Redempteurs de France, où de Catalogne, quand les vens ne permettans qu'ils passent outre, ils sont obligés d'y prendre terre.

Au leuer du Soleil le temps fut inconstant, & il suruint vn meteore nommé Sielon, qui donna vne grande apprehension à tous; mais specialement à ceux qui le pouuoient

discerner

discerner, & sçauoient par experience les funestes accidens qu'il a de coûtume de produire. A ce qui fut rapporté, c'étoit vn nuage fort épais, & noir, en forme d'vn demy arc-en-ciel, ou plûtôt vne colomne, qui paroissoit de la grosseur de quinze à vingt pieds de diametre : la longueur étoit vingt ou trente fois de plus grande étenduë : de l'vn de ses bouts elle sembloit toucher les nuées, & de l'autre la mer, d'où elle attiroit en l'air, à la maniere d'vne syringue, vne tres-grande quantité d'eau, & faisoit de gros boüillons : puis se tenant quelque peu suspenduë, elle tomboit peu à peu, tournoyant en façon de vis, & de ligne spirale. Il arriue quelquefois que ce meteore attrapant vn nauire par le masts, l'éleue tant soit peu, & le submerge par l'abondance d'eau qui tombe dedans ; en ayant par-fois enleué plus de cinq cens muids.

 Ce meteore causa grand' alarme,

& les plus courageux eurent bientôt recours aux prieres ; il y a apparence que quelques-vns fondez sur vne experience tres-blâmable vsoient de superstition ; car ayans fiché sur du bois vn coûteau à manche noir, ils faisoient quelques signes de Croix, & employoient certaines prieres pour conjurer le Sielon ; mais vn des Peres Redempteurs ne pouuant souffrir cette façon d'agir supersticieuse, prit à toute force le coûteau, & par l'aduis des Mariniers, recitant tout haut l'*In principio*, qui est le commancement de l'Euangile de Saint Iean, on apperçeut vn peu aprés que ce meteore s'éloignoit de la barque, & se dissipoit insensiblement ; il tomba pourtant incontinent aprés vne petite pluye, que l'on asseuroit estre vn effet de ce meteore. Ceux qui auoient des Heures selon l'vsage de l'Eglise reciterent l'Office des Trépassés, & quelques heures aprés on découurit le Païs de Catalogne ;

la Mercy en Algers. 171
& le vent ayant esté fauorable durant tout le iour, & la nuit suiuante, l'on arriua le lendemain matin, qui étoit le Vendredy, sur les huit ou neuf heures au Port de Barcelonne.

Chapitre XX.

De la descente des Peres Redempteurs auec leur compagnie dans la ville de Barcelonne : Et de la suite de leur voyage iusques à Colioures.

A Peine l'étendart de la redemption parut-il proche du Port de Barcelonne, que plusieurs en receurent vne grande ioye : le gardien du Port s'approchant receut la Patente nette, qui marquoit que la santé étoit bonne dans la ville d'Alger ; & selon la coûtume l'ayant fait passer par le feu & le vinaigre, il la présenta à ceux du Conseil de la ville : ces Messieurs s'étans informés de tout, & ayans appris qu'il n'y avoit pas de marchandise dans la barque, resolurent que l'on auroit libre entrée dans la ville, sitôt qu'vn Medecin & des Chirurgiens auroient rendu témoignage de la bonne santé de tous les passagers. Le R.P. Prieur du Convent de la Mercy de Barcelonne, accompagné de plusieurs de ses Religieux, se rendit deux fois sur le Mole, tout ravi de l'arrivée de la nombreuse Redemption de France (car outre les cent esclaues cy-dessus exprimez il y en avoit encore environ quinze ou seize, qui avoient acquis la liberté, leur argent à l'occasion des Peres étant passé en Barbarie.) & s'estimans heureux d'avoir trouvé cette belle rencontre grossissoient le nombre de ceux de la compagnie. Il sortit de la ville grand' foule de monde pour voir arriver tous ces bons Chrétiens, qui le lendemain Same-

la Mercy en Algers.

dy matin vinrent rendre graces à Dieu, & à sa tres-sainte Mere, dans la premiere & la plus ancienne de toutes les Eglises de l'Ordre de la Mercy, de la liberté qu'ils auoient recouurée. C'étoit vne grande consolation aux Peres Redempteurs, & à leur compagnon, d'offrir à Dieu tous ces bons Chrétiens, dans le lieu, où aprés la reuelation de la sainte Vierge leur Ordre a pris naissance sous la conduite du Glorieux Patriarche Saint Pierre Nolasque. Que de ioye interieure de se voir auec vne si bonne escorte, & tant de dépoüilles de la Barbarie, dans la maison d'où iadis sont sortis tant de zelés Redempteurs de l'Ordre de la Mercy, pour aller secourir leurs freres Chrétiens, & chercher la Couronne du Martyre parmi les Turcs! Que de satisfaction spirituelle de prendre leur premiere retraite durant leur nauigation dans le Cloître qui a serui d'école à tant de pieux Personnages, & où la glorieuse Vierge autant qu'en autre lieu du monde, a donné des marques de ses tendresses pour les hommes ! Ces Peres furent curieux d'aller à l'Eglise Cathedrale Sainte Croix, afin d'adorer Dieu dans le Sanctuaire où leur Ordre auoit commencé, leur premier Pere y receuant l'Habit Religieux l'an 1218. de la main de l'Euesque de Barcelonne, & l'écusson de l'Ordre de la liberalité du Roy Iacques I. d'Arragon. Ils virent aussi auec ioye vne autre ancienne Maison, qui étoit vn cartier du Palais Royal, & lequel sa Maiesté ceda aux Religieux de l'Ordre nouuellement institué, afin qu'il les pûst toûjours auoir prez de sa personne.

Certainement l'ouurage du Cloître si magnifiquement commencé du Conuent de la Mercy dans Barcelonne, fait bien paroître que cette Maison est en grande veneration, puis-que ce superbe édifice, auquel il ne s'en void presque point de semblable, n'a pû estre trauaillé qu'auec de grandes liberalités faites par diuerses personnes puissantes.

Au reste la ioye des Peres fut mélée de beaucoup d'amertume ; car au preiudice de la resolution qu'ils auoient prise de venir débarquer tout leur monde à Marseille, ou à Tholon, plusieurs des Chrétiens rachetés témoignerent aux Redempteurs, mais auec chaleur, qu'ils n'auoient recouuré la liberté qu'auec beaucoup de peine, & moyenant de grands frais que l'Ordre de la Mercy auoit faits ; qu'il sembloit tres-à propos de ne plus exposer au risc vn bien si cherement acheté ; que remontant dans la barque ce seroit hazard s'ils ne tomboient entre les mains des Corsaires de Tunis, qui les iours precedens écumoient cette Côte. A ce propos chacun d'eux décriuoit les maux qu'il auoit souferts en Alger, & ils asseuroient pour la plusplart que l'esclauage est vne condition si mal-heureuse, qu'ils souffriroient plus volontiers qu'on les égorgeât, que d'estre menés derechef en qualité d'esclaues en Barbarie.

L'affaire fut bien recommandée à Dieu, & on prit à tâche de bien conseiller toutes ces bonnes personnes, qui furent tellement pressées par le Patron de la barque, d'y rentrer, qu'on n'eut pas le temps de faire vne Procession dans Barcelone, comme plusieurs des plus considerables de la ville le desiroient.

Le Lundy matin, 6. de Nouembre, on leua les voiles, & faisant peu de vent on n'auança pas notablement; la barque ne faisant que suiure la Côte de la Catalogne : la nuit le vent se rendit meilleur, de sorte que le lendemain sur les sept ou huit heures on approcha de la Selue, village peu distant de Rose; & comme il ne restoit pas assez de temps ce iour-là pour gaigner le Mole d'Agde en Languedoc, on trouua à propos d'entrer dans le Port

Port de la Selue, où les Vaisseaux sont bien à couuert, & en asseurance des vens; mais ie doute si les Turcs étans les plus forts, apprehenderoient d'y venir faire quelque prise.

Le Mercredy 8. le vent s'étant changé, & ne paroissant nullement propre pour nauiger de là en France, les Religieux, auec presque tous les Esclaues, mirent pied à terre; & aprés que l'vn d'eux eut celebré la sainte Messe dans l'Eglise de la Selue, on eut vne pieuse curiosité d'aller voir l'Eglise & le Monastere de S. Pierre de Rhodes, éleué vne montagne d'assez difficile accez, & qui n'est pas moins propre à seruir de lieu de deffense, qu'il est ancien. Ces bons Religieux aggréerent que les Peres Redempteurs, & les Chrétiens rachetez, rendissent graces à Dieu, pour leur retour en terre Chrétienne, dans leur Eglise; qui est vne marque de la pieuse liberalité des Roys de France, & aprés ils donnerent charitablement la refection, tant aux Conducteurs, qu'à toute leur compagnie.

Le Ieudy 9. du mois, les Peres Redempteurs, ayans aprés l'aduis de ceux du Pays, consideré que l'on languiroit en ce Port, & que dans quelques iours on manqueroit des prouisions necessaires à tant de personnes, se rendirent condescendans à l'inclination de plusieurs, qui souhaitoient passionnément que l'on fit le reste du voyage par terre. Aprés leur auoir en vain representé que les fatigues par terre seroient grandes, & disproportionnées à leurs petites forces extremement affoiblies par les maux & incommoditez souffertes en Barbarie, ils permirent que quelques malades demeurans dans la barque, pour se rendre à Marseille quand il plairoit à Dieu, les autres se missent en chemin par terre. Cette iournée fut petite, (car on ne fit qu'vne lieuë, & demie) mais remarquable pour la circonstance que ie vais rapporter.

Le lieu qui fut destiné pour la couchée, s'appelle Lansac ; l'Eglise de cette ville, ou bourg, étoit interdite pour certaines raisons, qu'il seroit inutile de representer icy : neantmoins tous les Chrétiens bien arrangés estans entrés processionnellement & auec l'étendart de la Redemption dans le milieu de la ville, ils furent conduits à l'Eglise, & selon la coûtume de l'Ordre, ils y firent publiquement, & auec chant, leurs prieres en action de graces, d'estre sortis du pouuoir tyrannique des Mahometans. Le Curé, & les Consuls, montrerent bien leur inclination enuers les Esclaues : car le soir, & le matin suiuant, on pourueut abondamment aux besoins de toute la troupe. Mais voicy ce qui est digne de consideration ; l'vn des Peres Redempteurs vint à s'informer de l'interdit qui empeschoit que l'on ne celebrât la Messe dans leur Eglise, & representa que s'agissant presentement de l'arrivée des Esclaves, c'étoit vn point priuilegié. Le Curé qui n'étoit pas ignorant des grandes faueurs que les Papes ont accordées à l'Ordre de la Mercy, à cause qu'il n'épargne quoy que ce soit, non pas même la liberté ny la vie de ses Religieux, pour retirer de la puissance des Mores les enfans de l'Eglise, voulut être éclaircy plus amplement de cette matiere: on l'asseura que par grace du saint Siege Apostolique, sitôt qu'vn homme expressément deputé par les Peres de la Mercy, pour recueillir les aumônes des Captifs, arriué dans vne ville, l'Eglise interdite doit être ouuerte vne fois l'année, & l'interdit cesser, & être suspendu alors; si bien que du consentement du Curé le Vendredy matin vn des Peres Redempteurs y celebra la Messe, & ayant beny vne grande quantité de Scapulaires, où étoit l'Ecusson de l'Ordre, il en reuêtit tous les Esclaues presens, & par vn mot d'exhor-

In n. 4. & Alexand. 4. Ex Bullario Ordinis fol. 6. & 16.

tation leur representa l'importance d'être devots à la Sainte Vierge durant toute leur vie.

On sortit processionellement de ce lieu où l'on auoit éprouué tant de charité, & depuis le leuer du Soleil, on marcha sans prendre aucun repos iusques à la nuit. Entre tous ces bons Chrétiens, il y en auoit quelques-vns blessez des grands maux qu'ils auoient endurez en la ville d'Alger ; c'est pourquoy ils eurent bien de la peine à gagner le sommet de tant de montagnes fort roides, & où souuent on ne pouuoit apuyer son pied que sur des cailloux tres glissans. Il y eut sur tout vn bon vieillard âgé de 75. ans, nommé Vidal Desclaux natif de Capbreton en Basque : ce bon homme, quoy que dépourueu de forces, étoit plein de courage, c'est pourquoy il n'auoit pas voulu demeurer dans la barque, mais lors qu'il fut question de grimper à châque heure des lieux tres-ardus, bien qu'auec quelque taſſe de vin on s'éforçaſt de luy faire reuenir le cœur, il fut obligé de ſe rendre, & (vne groſſe ſueur le prenant par tout le corps) de ſe coucher par terre, n'ayant plus d'eſperance de ſuiure les autres. On employa tout ce qui ſe pût pour le faire reuenir à ſoy ; mais comme il ne pouuoit plus mettre vn pied deuant l'autre, vn autre Chrétien de la compagnie (quitant dans Alger qu'ailleurs ſur mer, & ſur terre, a rendu de bons offices aux Peres Redempteurs) s'offrit à l'inſçeu d'vn châcun au vieillard pour le porter ſur ſes épaules, tenant ſa tête entre ſes jambes. Le bon homme accepta cet offre, & les Peres regardans derriere eux pour voir l'état de cet homme caduc, pour lequel ils étoient en tres-grande peine, ils s'apperçeurent de la poſture en laquelle il étoit. L'autre braue homme tout zelé pour le ſeruice de ſes confreres, de la liberté deſquels il étoit extremement ſatisfait, alloit allegrement, franchissant auec ce fardeau aussi lestement les passages les plus roides, que s'il n'eût eu qu'vn petit sac sur les épaules. Ce soulagement consola bien le septuagenaire, & ayant pris vn peu de repos sur les épaules de son bienfaicteur, il arriua vers la nuit auec toute la compagnie à Coulioures.

Chapitre XXI.

Continuation du voyage des Peres iusques à Montpellier.

LEs Peres Redempteurs allerent saluër Monsieur le Chevalier d'Aubeterre Gouuerneur de la Place qui leur fit bon accueil, & les retenant dans le Château où ils se delasserent de leur grande fatigue, il fit pouruoir aux besoins de tous les Chrétiens ; qui le iour de S. Martin vinrent de bonne heure passer deuant luy proche la porte du Château, & gaignerent le chemin de Perpignan. Ie ne veux pas icy obmettre qu'vn des Peres Redempteurs se trouua fortuitement le soir à la clôture, & le matin à l'ouuerture de la porte du Château, où remarquant toutes les postures de beaucoup de soldats qui y étoient presens, & la circonspection auec laquelle on agissoit, comme si l'ennemy eust été au voisinage: Il dit à Monsieur le Major; certainement il est bien loüable que pour la conseruation d'vne Place de telle importance, on n'obmette aucun soin: mais si tant de personnes sont occupées pour la deffense d'vn ouurage de pierre, quels soins & diligence l'homme raisonnable & prudent, ne deuroit-il pas apporter pour la conseruation de son ame, afin de la garentir des surprises de nôtre ennemy qui est toujours au guet, & qui bien loin de nous accorder quelque tréve, nous fait sans cesse vne sanglante guerre? On fut assiegé d'eau

dans

dans quelques bourgs à cause des grandes pluyes ; & la riuiere d'Elue étant débordée, il fallut beaucoup se détourner pour arriuer à Perpignan.

On y reçeut bon accueil des principaux de la ville, & on y fit auec les Peres de la Mercy qui y demeurent, vne Procession, à laquelle tous ceux de la ville acoururent. On prit de là sa route vers Narbonne, où les bons Chrétiens bien fatiguez goûterent vn peu de repos. Le lendemain on se rendit à Beziers, où l'on fit Procession allant à la Cathedrale pour y rendre action de graces à Dieu, chose qui dans toutes les villes Episcopales a été pratiquée, selon qu'il est prescrit dans le Rituel de l'Ordre de la Mercy.

De Beziers on s'achemina à Pezenas où se deuoit faire l'ouuerture des Estats de Languedoc : sur cette route diuers Messieurs tant du Clergé que de la Noblesse, eurent grande consolation de voir tant de captifs rachetez, principalement des petites aumônes, qui s'amassent double à double dans les Parroisses de diuerses Prouinces; & conclurent qu'il auoit fallu apporter de grands soins pour ioindre tout ensemble, & en faire vne somme suffisante pour acheter la liberté à tant de miserables. Monsieur Perriquet grand Vicaire de l'Euesché d'Agdes residant à Pezenas, eut bien de la tendresse pour les Peres Redempteurs, & pour toute la conqueste qu'ils auoient faite. Les Peres Redempteurs allerent rendre leurs respects à son Altesse Serenissime, Monseigneur le Prince de Conty, qui témoigna de la satisfaction du retour des Peres, du Pays de Barbarie; & agrea que l'on menât à la porte de son Château de la Grange tous ces bons Chrétiens, ausquels son Altesse ordonna à son Aumônier de faire quelque charité.

On iugea à propos de faire voir à la ville de Montpellier, & sur tout aux Heretiques, qui n'appuyent leur salut que sur quelques liberalités qu'ils font envers ceux de leur secte, que la charité n'est pas moins en vigueur parmy les Catholiques, que la veritable Foy ; & qu'en vn temps où il semble que cet amour fraternel des Chrétiens est bien ralenty, il y en a encores quelques flammes qui échauffent les Religieux de la Mercy, & les portent en Affrique pour y aller procurer la liberté & le salut de ceux, dont ils n'ont aucune conoissance, & qui ne leur sont considerables, qu'à cause qu'ils ont esté rachetés du precieux Sang de Iesus-Christ, & qu'ils sont enfans de l'Eglise son Epouse.

Sur le chemin de Pezenas à Montpellier, toute cette troupe eut à la rencontre Monseigneur l'Euesque d'Vsez, qui étant descendu de sa litiere, alloit à pied. Cet Illustrissime Prelat dont la modestie ne me permet pas de donner d'éloge à ses rares vertus, fut tres satisfait de voir le bel employ que les Peres de la Mercy font du peu de deniers qu'ils manient: Il fit quelques interrogations à certains des Esclaues rachetés, & eût voulu que le lieu eût été plus commode pour s'entretenir auec les Peres de la maniere d'exercer ce trafic. Ores la ville de Montpellier admira ce grand nombre de Chrétiens, & ne faut pas douter, que plusieurs Heretiques ressentoient que la consciéce leur dictoit que cette-là est la vraye Eglise, où des Religieux font vn vœu d'aller exposer leur vie en trajettant les mers, conuersant auec les Turcs, & demeurant souuent en ôtage pour procurer la liberté, & le salut eternel à des gens, qui leur sont inconnus, & cela pour imiter Iesus-Christ qui s'est aneanty & dépoüillé de de tout interest humain pour nous racheter. Monsieur le Vicaire general de Montpellier permit que l'on fist la Procession, à laquelle assisterent Messieurs les Consuls, auec vne tres-grande quantité de personnes.

Le Tres-saint Sacrement de l'Autel fut exposé en l'Eglise des Peres de la Mercy de la mesme ville, ceremonie qui s'obserue en tous leurs Conuens au retour des Esclaues; duquel le Pape Clement VIII. l'an 1603. eut si grand égard, que par vne Bulle expresse il accorda que les Peres actuellement redempteurs pûssent en reconduisant les Captifs, designer à leur volonté vn iour auquel les fidelles allans en quelque Eglise de la Mercy, ou autre, pour y prier Dieu pour les Esclaues rachetez, & pour ceux qui sont encor restez dans la Barbarie, gaignent des Indulgences.

Ex Bull Ordin. fol. 213.

Les Peres qui retournoient de l'Affrique eurent besoin de quelque Certificat pour le nombre de leurs Esclaues, qui pour diuerses raisons deuoient être sur le champ separez les vns des autres; c'est pourquoy ils s'addresserent de prim'abord en l'absence de Monseigneur l'Euêque de Montpellier, à Monsieur son grand Vicaire, qui reconnoissant la verité du Catalogue, qu'on desiroit faire mettre sous la Presse; & ayant en main les papiers, qui iustifient ce qu'il contient, & voyant les Esclaues presens, permit que le rolle fust imprimé en la forme qu'il est cy-deuant. On s'addressa aussi à Messieurs les Consuls de Montpellier, qui ayans examiné le tout dans leur Maison de ville, firent dresser, & signerent le Certificat, qui suit aprés la Permission de Monsieur le Vicaire general.

Permission de Monsieur le Vicaire general de Montpellier.

Nous Docteur & professeur en Theologie, Chanoine, & chantre de l'Eglise Cathedrale de Saint

la Mercy en Algers. 191
Pierre de Mompellier, Vicaire general & Official de Monseigneur l'Euesque de ladite ville: Certifions que le present Catalogue des Esclaues rachetez par les Religieux de Nôtre Dame de la Mercy, du Royaume de France, est conforme aux actes authentiques qui ont esté expediez par le Chancelier au Consulat de la Nation Françoise en Alger Côte de Barbarie, & en permettons l'impression. Fait à Montpellier ce 22. Nouembre 1662. Signé GRAS Vicaire general.

Certificat de Messieurs les Consuls de Montpellier.

Nous Consuls & Viguiers de la Ville de Montpellier, Seigneurs, & Barons de Carauettelle, Combes, & Purch-Connil: Certifions, & attestons à tous qu'il appartiendra, que les Reuerends Peres Religieux de la Mercy étans arriuez en cette ville de Montpellier auec le nombre des Esclaues énoncez au Catalogue cy-dessus, qui est conforme à celuy qui leur a été baillé par le Consul de la Nation Françoise en la Ville d'Alger, y ont fait la Procession auec lesdits Esclaues; à laquelle Procession nous auons assisté auec grand nombre des habitans de ladite ville. En témoin dequoy leur auons expedié le present Certificat de nous signé, & de nôtre Greffier & Secretaire, à Montpellier le 23. Nouembre 1662. Signé TOVRNEZ Consul, & Viguier. MERLE Consul. CHAMBERLIN Consul. Et plus bas, Par Messieurs les Consuls, MARYE.

Toute la ceremonie étant acheuée à Montpellier, les Peres Redempteurs allerent à Frontignan pour y saluër Monseigneur de Montpellier, qui depuis plus de trois semaines y faisoit Mission: il témoigna agréer les trauaux des Peres qui auoient

mis

mis en liberté trois hommes de son Diocese, il donna sa benediction aux Chrétiens rachetez, & les gratifia de quelques aumônes. Là les Peres Michel Aüury & Pierre Recaudon Redempteurs, aprés auoir châcun au saint sacrifice de la Messe rendu graces à Dieu de mille faueurs dont il les auoit comblez durant vn voyage si difficile, & dans vne negociation si épineuse, ils se separerent l'vn de l'autre, celuy-là allant en Prouence (où le deuançoient diuers Esclaues) afin de pouruoir au payement des debtes contractées par pure charité en la ville d'Alger : celuy-cy allant vers la Guyenne auec le Frere du Cot, pour y conduire la plus grande partie des Esclaues. Ceux qui passerent en Prouence, y firent Procession dans les villes d'Aix, de Marseille, & de Tholon, où dans les Eglises Cathedrales on n'obmit rien qui pûst faire honneur à la solemnité du re-

Bb

tour de ces bons Chrétiens. Les autres, dont la troupe étoit beaucoup
plus groſſe, ayans paſſé par Agdes,
furent reçeus dans la ville de Car-
caſſone auec vn ſi bon accueil, que
difficilement il ſe pourroit exprimer.
Selon le deſir de Monſeigneur l'E-
uêque, Monſieur le Doyen, auec
tout le Chapitre, prit à cœur de faire honneur au Pere Redempteur, &
à ſa ſuite, & tout ce que l'on pouuoit deſirer pour rendre cette ceremonie magnifique, fut executé de
point en point. Enfin on prit le chemin de Tholoſe, Agen, & Bordeaux, où châcun témoigna publiquement à la veuë des belles Pro-
ceſſions qui ſe firent, qu'il n'y auoit
point d'aumône mieux employée,
que celle qui ſe fait en faueur des
pauures Eſclaues, deſquels pluſieurs
renient (ie l'écris ingenuëment)
parce qu'aprés auoir ſouffert long-
temps auec conſtance des maux,
(dont la ſeule penſée feroit trem-

bler) à la fin voyans que leurs parens ne les assistent pas, & que les petites aumônes que l'on porte en Barbarie ne peuuent pas s'étendre à tous, perdent courage, entrent dans vne impatience, & conceuans vne furieuse rage contre les riches de France (qui ne font point de liberalitez pour la redemption) ils apostasient de la Foy, & de la Religion Catholique, & faisans reproche que s'ils étoient Huguenots les Heretiques les assisteroient beaucoup mieux que ne font les Catholiques, ils s'enrollent entre les partisans de Mahomet, dans l'esperance qu'ils ont qu'ils y joüiront d'vn plus grand repos, & que l'on cessera de les tourmenter.

L'vn des Peres Redempteus estant arriué en Prouence, y trouua lettre par laquelle l'Illustrissime Hierôme de Valderas cy-deuant Prouincial de l'Ordre de la Mercy en Castille, & maintenant Euêque de Badajos en la même Prouince, témoigne la joye qu'il a reçeuë de cette redemption des Peres de France. Elle n'a pas caufé moins de contentement à l'Illuftriffime Iean Cebrian, qui étant paffé de l'Ordre de la Mercy à l'Archeuêché de Sarragoce, & à la dignité de Viceroy, dont les années paffées il étoit honoré dans l'Arragon, prend fort à cœur tout ce qui dans la Religion concerne le rachat des Efclaues, iufques-là qu'ayant fait vne épargne des reuenus de fon Archeuêché, il a mis en fond vne fomme notable, afin que la rente qui en prouiendra annuellement, foit employée au rachat des pauures Efclaues.

Quelques-vns, aprés tout ce narré, s'étonneront que les Peres de la Mercy de France, ayans dépenfé en la ville d'Alger les fommes d'argent cy-deffus cottées, & ayans retiré de l'éfclauage le grand nombre des Chrétiens, dont on void les noms au Catalogue fouffigné par Monsieur le Vicaire general de Montpellier, & par Messieurs les Consuls de la même ville, & qui auparauant auoient paru deuant Monseigneur le Prince de Conty proche de Pezenas ; neantmoins ils n'ayent point fait de Procession dans Paris ville capitale du Royaume, & même n'y ayent paru qu'en petit nombre : mais cet étonnement cessera, si on considere que cette année l'air a été beaucoup infecté dans la Barbarie, & qu'il y a eu grand nombre de malades, ce qui a été cause que plusieurs des Chrétiens mis en liberté par les Religieux de la Mercy étans arriuez en terre Chrétienne, ont été sujets à de notables indispositions. Les villes de Marseille, & de Tholon, sçauent que plusieurs de leurs citoyens affranchis par ces Peres Redempteurs, sont maintenant alités, & ont eu besoin de receuoir les derniers Sacremens. Montpellier, &

Beziers en ont veu quelques-vns se
separer de la troupe des autres, à
cause que les fiéures, & autres incommoditez ne leur permettoient
pas de passer outre ; les Peres de la
Mercy de Carcassone en ont fait visiter cinq en même iour par les Medecins, qui ordonnerent que ces
bonnes gens, dans lesquels il demeuroit beaucoup de reste des miseres de l'esclauage, prissent du repos, & vsassent de bonne nourriture pour rétablir leur santé; & cela
même fut prescrit à d'autres, ausquels leurs indispositions ne permirent pas de sortir des lieux, dans
lesquels ils étoient tombez malades. Vn de la troupe ayant été bien
sollicité, & reçeu auec deuotion les
Sacremens, mourut, & fut enterré
dans l'Eglise de la Mercy de Carcassone.

Mais outre cela, la saison en laquelle sont renenus en France ces
Chrétiens, soit à cause que les iours

étoiét courts, soit à cause que le vent de bize geloit tout, n'étoit nullement conuenable à des voyageurs; & la moitié de ce grand nombre, qui a assisté à la Procession de Bordeaux, seroit demeuré sur les chemins, que châcun sçait être comme insupportables durant les gelées, à des pauures mal-vêtus, & déja fatiguez par la longueur de la route qu'ils auoient tenuë. C'est pourquoy le Reuerend Pere Commandeur de la Mercy du Conuent de Bordeaux, considerant auec vn des Peres Redempteurs, les peines que souffriroient tant de bonnes personnes (qu'ils ne cherissoient pas moins que leurs freres) si on les obligeoit de passer de la Guyenne à la ville de Paris, & remarquant la iuste repugnance que plusieurs auroient à s'engager à vn si ennuyeux voyage, il les en dispensa, & leur donna la benediction, pouruoyant que châcun eût honnestement dequoy retourner auec mediocrité en son Pays. Voila donc les raisons qui ont empêché que les peres du Conuent de la Mercy de Paris qui auoient tant recommandé à Dieu le bon succez de la redemption, ayent eu la consolation qu'ils esperoient d'embrasser cette troupe captiue de Chrétiens, qui ont beaucoup soufert, parce qu'ils ont toujours constamment perseueré dans la profession des veritez de la Foy Chrétienne.

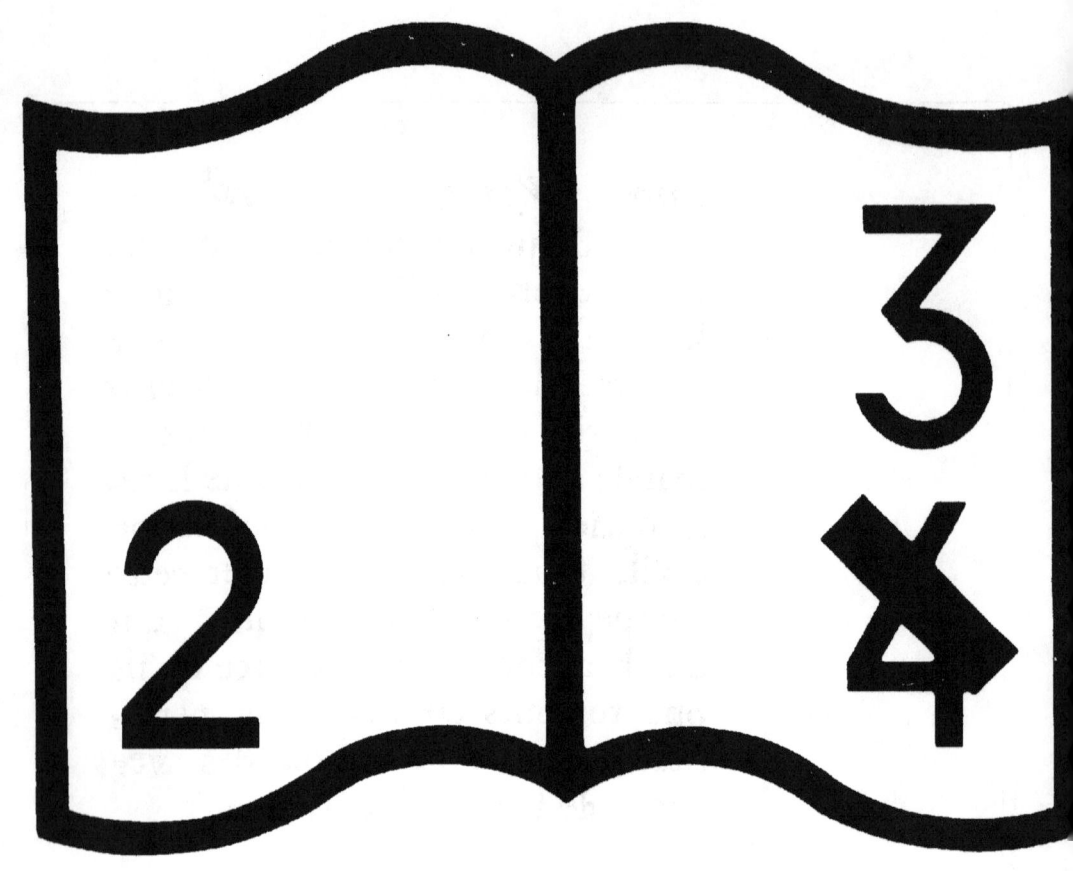

Pagination incorrecte — date incorrecte

NF Z 43-120-12

SECONDE PARTIE,
DV MIROIR
De la Charité Chrétienne, & de la Relation du Voyage fait en Alger l'année 1662. par les Religieux de l'Ordre de la Mercy, du Royaume de France.

CHAPITRE XXII.

Des notables aduantages que reçoiuent ceux qui contribuent de leurs biens, & font des aumônes pour le Rachapt de leurs freres Chrétiens arrétés dans l'Esclauage.

PIvsqve cette Relation n'a esté dressée, qu'afin d'attendrir les cœurs des Chrétiens, & de les exciter à auoir compassion de ceux, auec lesquels ils sont les membres d'vn méme corps, il est bien raisonable de ne le pas acheuer sans auoir traité du sujet, qui vient d'être proposé dans le titre. Orés ie ne pretends pas icy montrer que l'obligation de secourir les Chrétiens captifs, est si generale qu'elle s'étend à tous; & qu'il n'y à aucun pauure qui en soit exempt, veu qu'il est tenu de prier Dieu pour eux, à fin qu'il le comble des assistãces propres pour le faire perseuerer dans la foy : & de solliciter les personnes acommodeés, de ne pas oublier ces pauures miserables, mais de leur donner tout le soulagement qui se pourra. Si i'entrepenois d'instruire les personnes accommodées sur leur obligation de secourir les Captifs, i'en voudrois tirer vne forte preuue des paroles de malediction, que le Fils de Dieu fulminera vn jour contre ceux, qui auront eû le cœur sans pitié, & n'auront pas fait part de leurs biens à ceux, qui sont dans l'extreme diserte, comme les captifs.

Mais ie desire seulement en trois mots montrer que ceux qui sont liberaux enuers les esclaues, obtiennent vn bien honnorable, satisfaisant, & plein d'vtilité. Si selon saint Denis c'est vne chose tres diuine, & par consequent tres releuée de cooperer auec Dieu au salut des ames, qui est ce qui n'auoüera pas, que celuy qui par son bien fait procure la liberté à son prochain esclaue, & par sa liberalité le tirant de la sujection des Infideles, luy facilite le moyen de perseuerer dans la religion Catholique, & de frequenter auec facilité les Sacremens, ne fasse vne action heroïque diuine, & aussi seante, & honorable que puisse exercer vn tel bienfacteur Chrétien ? peut auec les Religieux de la Mercy, entrer en partage de ce nom, & titre honorable de Redempteur; car pourquoy cette denomination pourra t'elle être appropriée à celuy, qui porte par vœu les aumônes des fideles en Barbarie, & ne conuiendra pas à la personne, qui se retranchant beaucoup de superfluités, & peut-être se priuant de quelque commodité necessaire, ménage quelque aumône pour être portée comme à Iesus-Christ, à celuy qui souffre dans les prisons de la ville d'Alger?

Quiconque considerera de quel mal est retiré la personne esclaue par la liberalité qui est employée pour son rachapt, où il sera insensible, où il conceura vne joye qui n'a pas sa pareille, d'auoir par vn bienfait comme procuré la sortie de l'enfer à vne ame, qui châque jour se trouuoit dans vne tristesse prodigieuse, & dans l'excés des tourmens. O que ce seroit le sujet d'vn rare & excessif contentement à vne Dame qui regorge de biens, où méme n'en à que medio-

crement, de voir maintenant par
son entremise retournée en France,
& renduë à l'Eglise vne jeune fille
pieuse, & prudente, qui presentement dans la ville d'Alger est exposée à de grands dangers, & à des
maux, qu'elle abhorre plus que
l'enfer? qu'elle satisfaction ne seroit ce pas à vne autre d'auoir donné dequoy retirer ce Ieune garçon
de dix huit à vingt ans, qui étant
sollicité (comme quantité d'autres)
par son Patron à condécendre a des
actions infames, & qui meritent
le feu, eut n'agueres assés de courage pour s'aller pleindre en pleine
Doüanne, de ce que chaque jour
on le vouloit suborner, & luy faire
commettre des impuretés abominables? O quel plaisir de preseruer
par vne aumône mediocre vne personne entre tant d'autres qui sont
sur le penchant de fausser la promesse faite à Iesus-Christ, & d'iuiter vn si grand nombre d'autres,
qui dépuis peu d'années vaincuës

par la longueur & la violence du mauuais traittement ont fecoüé le doux & agreable joug du Fils de Dieu, & ont preferé a fon feruice le déraifonnable & fuperftitieux culte de Mahomet.

Pour le veritable profit, qui reuient à vne ame Chrêtienne d'affifter les pauures Captifs, i'en laiffe le iugement à tous ceux qui fçauent que la liberté faite à vn pauure, eft départie à Iefus-Chrift même, qui étant enclin à faire du bien à fes ennemis, ne pût qu'ils ne foit liberal auec profufion enuers fes biens-facteurs, ce font nos paffions, & nos mauuaifes habitudes, qui nous font confentir au peché, & qui nous détournent de la pratique des vertus: & fi vne fois nous pouuions remporter vne glorieufe victoire fur ces obftacles, qui font fi contraires à nôtre auancement fpirituel, ce feroit vn grand trefor que nous aurions acquis: orés il eft indubitable que le Fils de Dieu, n'accordera iamais selon le cours ordinaire de la distribution de ses graces, plus librement à personne l'exemption de cette captiuité, & la victoire des vices qui ont pris racine chés nous, qu'à ceux qui fournissans dequoy tirer les esclaues des prisons materielles, leur donnent occasion de perseuerer, où de rentrer dans la liberté dés enfans de Dieu.

I'estime que ce raisonnement ioint aux auctorités suiuantes sufira pour conuaincre ceux qui aprés auoir eu depuis plusieurs années le maniement d'vn bien au-moins mediocre, n'en ont que rarement, ou peut'étre iamais fait part aux Chrétiens Esclaues: que de reproches receuront vn jour de certains peuples étrangers, qui sont si libres à assister les mêmes Captifs, que pendant leur vie ils n'ont aucun exercice de charité en plus grande recommandation, & estimeroient que leur testament seroit iniurieux à Iesus-Christ, & meriteroit d'être cassé par les Iuges, s'il n'y auoit vn article en faueur des Chrétiens captifs? Ores afin que le sujet que ie traitte dans ce Chapitre s'imprime plus auant dans le cœur de ceux qui liront cette Relation, ie vais en substance raporter les graces que les Papes ont accordées aux Bienfacteurs des Esclaues, & ce que quelques anciens Peres ont dit pour faire voir l'importance d'vser de liberalité enuers nos freres Captifs.

Ex Bullario Ordinis, fol. 15. & 17.

Le Pape Alexandre IV. accorde à tous les Ecclesiastiques, tant Prelats qu'autres, qui ayderont les Religieux de la Mercy au sujet de la Redemption des Captifs par aumônes, faueur, conseil, ou secours Spirituel, ou temporel, le pardon de toute la peine qu'ils auroient merité pour les defauts commis en ce qui concerne l'office Canonial, aprés les auoir Confessés, & le pouuoir de se faire changer plusieurs sorte de vœux.

Sixte

Sixte IV. accorde à tous sans exception, qui estans en état de grace donneroit quelque aumône vn peu considerable, où selon leur pouuoir aux Religieux de la Mercy, pour le rachapt des Captifs, & ce autant de fois qu'ils feront cette aumône Indulgence Pleniere de tous leurs pechez, en la vie & en l'article de la mort. *Ex Bullario Ordinis fol. 109.*

Alexandre IV. & Nicolas IV. donnent aussi de grandes indulgences a tous ceux, qui pour le rachapt des Captifs donnent quelques aumônes aux Religieux de la Mercy. *Ex Bullario Ordinis fol. 7.*

Le méme Alexandre IV. voulant gratifier tous ceux qui donnent ou or, ou argent, ou quelque chose que ce soit aux Religieux de la Mercy, pour le rachapt des Esclaues, s'ils meurent en état de grace dans l'an qu'ils auront fait l'aumône, il leur concede Indulgence Pleniere de tous leurs pechés, comme si le Pape les auoit absous. *Ex Bullario Ordinis fol. 17.*

Clement IV. & VII. Sixte IV. & *Ex Bul-*

C c

Leon X. accordent à tous ceux, qui auront donné quelque aumône selon leur pouuoir pour le rachapt des Captifs, qu'ils puissent appliquer cette aumône aux Ames de leurs Pere, Mere, Mary, Femme, & autres parens & amis, auquels ils accordent tres Pleniere Indulgence, par forme de suffrage des peines, qu'ils souffrent en Purgatoire.

lario Ordinis fol. 109.

Le Pape Nicolas III. dés l'année 1277. auoit accordé le même priuilege à l'égard des Peres & Meres deffuncts.

Ex Bullaril Ordinis fol. 28. & 29.

Le Pape Leon dixiéme qui auoit esté beaucoup émeu par la veuë d'vn grand nombre d'Esclaues de France rachetés, qui luy furent presentés par des Religieux de la Mercy, à Rome l'an 1516. concede à tous ceux qui firent l'aumône aux Religieux de la Mercy, pour le rachapt des Esclaues, Indulgence pleniere vne fois en la vie, & vne fois en l'article de la mort. Qui est ce qui lisant cecy, ne formera pas auec la

Ex Bullario Ordinis fol.

grace de Dieu, vne charitable resolution de marquer dans son testament vn article en faueur du rachapt des Esclaues?

Au reste toutes ces graces, & plusieurs autres accordées par les Souuerains Pontifes aux Bien-facteurs de la Redemption des Captifs & de l'Ordre de nôtre Dame de la Mercy, où aux personnes, qui portent leur Scapulaire, & sont de leur confrairie, ont esté confirmées par les lettres Apostoliques de nôtre saint pere le pape Alexandre VII. expediées à Rome, à sainte Marie Majeure l'onziéme iour d'Octobre 1656.

Enfin pour la consolation des personnes, qui par leurs aumônes prieres, conseils, & sollicitations procurent d'auancer le rachapt des Captifs, & de faire les affaires qui concernent leur soulagement : Ie rapporteray en Latin & puis en François les benedictions & graces que leur a donnees la Sainteté d'A-

204 *Voyage des Peres de* lexandre IV. à la fin d'vne de ses Bulles l'an 1251. aprés que j'auray fait voir par ses propres paroles, quel sentiment il auoit de l'Institut de la Mercy, & de l'obligation des fideles à faire la charité aux pauures Chrêtiens. Voicy donc ce qu'est dit dans sa premiere Bulle, des Religieux de la Mercy. *Noui sub tempore gratiæ Machabæi, abnegantes sæcularia desideria, & propria relinquentes, tollentes crucem suam Dominum sunt secuti, diligentes proximos suos sicut seipsos, præceptum Apostolicum attendentes; quia non solùm eleemosinas, quas à Christi fidelibus colligunt, in redemptionem expendunt latissimè captiuorum; sed etiam proprias animas pro fratribus ponere non formidant, per quod Christianissima in diuersis partibus dignoscitur vtilitas, in Ecclesiaque præeminent, cum inter cætera pietatis opera, quibus regnum cœleste adispicitur, Redemptio Captiuorum à Deo, & à Sacris Canonibus ineffabiliter commendatur, quoniam pro ipsorum*

Ex Bullario Ordinis fol. 7.

redemptione res ecclesiasticas alienare iubemur, & etiam personas proprias, si necesse fuerit, exponere debemus. Si ergo personas proprias, quanto magis temporalia, ut ea possimus in cœlestia felici commercio commutare. Ce qui signifie en François. Ces Religieux au temps de la Loy de graces, sont de nouueaux Machabées, qui ayant renoncé aux pretentions du siecle, & abandonné les biens qu'ils y possedoient, & s'étans chargés de leur croix se sont engagés à la suite de nôtre Seigneur: & mettans en execution le commandement qu'il a institué à ses Apôtres, ils ayment leurs prochains autant qu'eux mémes, parce que n'ont seulement ils employent pour le rachat des Esclaues absolument & sans reserue les aumônes qu'ils reçoiuent des fideles Chrêtiens, mais méme ils n'apprehendent pas de donner & sacrifier leurs vies pour leurs freres: par laquelle pratique on reconnoit en diuerses prouinces leur vtilité tres conformes à l'esprit du Christianisme, & ils ont certaine preéminence dans l'Eglise: car entre les autres œuures de pieté par lesquels on acquiert le Royaume celeste, Dieu & ses saints Canons recommandent d'vne maniere qui ne se peut pas exprimer, le rachapt des Captifs, parce qu'ils nous ordonnent que pour les racheter nous alienions les biens de l'Eglise, & nous obligent d'exposer nos propres personnes, s'il est necessaire. Ores si nous sommes obligés à courre risc de nos personnes, combien est plus étroitte nôtre obligation d'exposer les biens temporels, afin que par vn heureux commerce nous les puissions échanger pour les richesses celestes?

Ie preuois que sur ce sujet d'aliener les biens de l'Eglise, le Lecteur receura grande satisfaction d'aprendre ce que Saint Ambroise en dit par forme du dialogue au liure 2. de ses offices chap. 28. où il ne pût approuuer que l'on n'ayt pas vendu les vases sacrés, pour le rachapt des Esclaues. Il dit donc *cur tot captiui deducti in commercium sunt, vt redempti? cur tot ab hoste occisi sunt? Melius fuerat, vt vasa viuentium seruares, quam metallum. Si non posset responsum referri. Qui autem diceres? tenui ne templo Dei ornatus deesset. Respondet, aurum Sacramenta non quærunt, neque aureo placent, que auro non emuntur.* Ornatus Sacramentorum Redemptio captiuorum est, & *vere sunt illa vasa pretiosa, quæ redimunt animas à morte. Ille verus est thesaurus Domini, qui operatur Sanguis Domini operatus est. Tunc vas dominici Sanguinis agnosco, cùm in vtroque videro redemptionem, vt calix ab hoste redimat, quos Sanguis à peccato redemit: quam pulchrum, vt cum agmina captiuorum ab ecclesia redimuntur, dicatur, has Christus redemit. Ecce aurum quod probari potest, ecce aurum Christi quod à morte liberat, ecce aurum quo redimitur pudici-*

tia, seruatur castitas, hos ego malui liberos vobis tradi, quam aurum seruare. Hic numerus, hic ordo captiuorum præstantior est quam species poculorum. Huic muneri proficere debuit aurum redemptionis, ut redimeret periclitantes. Agnosco infusum auro Sanguinem Christi, non solùm irrutilasse, verùm etiam diuinæ operationis impressisse virtutem redemptionis munere. Ce qui signifie en nôtre langue : D'où vient que tant d'Esclaues ont esté exposés en vente, & que neantmoins on ne les a pas rachetés? d'où vient que l'ennemy de la religion en a tant fait passer par le fil de l'épée, ou les a assommés ? Il eût esté plus expedient que vous eussiés conserué les vasses viuans des Chrétiens, que ce metal bien que dedié au seruice des autels. Ie ne voy pas qu'elle réponse pertinente on pourroit rendre : car qu'auriés vous à dire ? cecy peut'être, iay eu apprehension de dégarnir le temple de Dieu de ce qui luy sert d'ornement.
Voicy

Voicy vne belle repartie à vôtre excuse. Les Sacremens ne cherchent pas l'or ; comme ils ne s'achtent pas auec de l'or, aussi ne se plaisent'ils pas dans l'or. L'Ornement des Sacremens c'est le rachapt des Captifs. Ces vases sont veritablement pretieux, qui rachetent les ames de la mort. Celuy-la est le vray tresor de nôtre Seigneur, qui fait ce que le Sang de Iesus-Christ à operé. Ie reconnois alors qu'vne piece d'or, est vn vase du Sang du Seigneur, car dans tous les deux, ie remarque vn raport à la Redemption, de sorte que le Calice rachete d'entre les mains de l'ennemy, ceux que le Sang à rachetés du peché. Que c'est vne belle chose, que lorsque des trouppes de Captifs sont rachetés, on ayt sujet de dire, c'est Iesus-Christ qui les a rachetés. Voyla de l'or qui pût bien être mis à l'épreuue ; c'est or qui preserue de la mort, est bien vtile, & il appartient vrayement à Iesus-Christ, c'est de l'or, auec lequel la pudicité est rachetée, & la chasteté conseruée. J'ayme mieux vous rendre ces Chrêtiens auec leur liberté, que de conseruer de l'or. Ce nombre de Captifs, ce bel ordre qu'ils obseruent, est plus agreable, que la beauté, & la gentillesse que l'on remarquoit en ces vases, deuant qu'ils fûsent vendus. Cét or dedié au Redempteur n'a pû estre employé à vn viage plus conuenable, qu'à racheter ceux qui estoient en peril. Ie reconnois maintenant que le Sang de Iesus-Christ versé dans le vase, d'or, n'a pas seulement brillé, & rendu quelque éclat, mais qu'il luy a Imprimé vne certaine vertu de l'operation diuine, le rendant propre à racheter des Chrêtiens.

Ores faisant reflexion sur cette admirable sentence de saint Ambroise, s'il y a obligation (quand il s'agit de racheter des Captifs) de ne pas épargner les vases les plus Sacrés, auec qu'elle conscience les riches du monde peuuent ils apprendre que les Chrêtiens Captifs, se deſeſperent tous les jours faute de ſecours; & cependant aymer mieux conſeruer mille choſes inutiles, ſuperfluës, & qui ne ſeruent qu'à entretenir la vanité, fomenter la ſuperbe, & détourner de l'amour de Dieu, que de les employer à ſoulager, & retirer d'eſclauage les pauures Captifs, qui étans reduits à l'extremité perdent toute patience? ces riches peuuent ils auoir la penſée que Ieſus-Chriſt les ayt rachetés par ſa Croix, & par ſon Sang, & en même temps, auoir vn cœur aſſés dur pour laiſſer gemir dans les fers, dans la miſere, & dans l'ignominie ceux qui par le Baptême ſe ſont reuétus de Ieſus-Chriſt, & dans leſquels il a établi ſa demeure par la foy, & par la grace?

Ie deſire finir par la benediction qu'Alexandre IV. donne a tous les Bien-facteurs de la Redemption. *Illis qui laborauerint pro commodo &*

Ex Bullario Ordinis fol. 17.

utilitate huius pij operis, sit cum eis pax, & benedictio Domini nostri Iesu Christi, & propter hoc recipiant in hoc mundo corporibus augmentum, & animabus vitam æternam: & in omnibus Sacrificijs, & Missis, qua Deo propitio fient, & celebrabuntur in toto Pontificatu Roma, & in membris eius omnes benefactores huiusmodi Sanctæ Redemptionis volumus fieri participes, & consortes in æternum. Le sens de ces paroles est : que tous ceux qui s'employeront pour l'aduantage & vtilité de cette pieuse entrepise, de la Redemption des Esclaues, ayent auec eux la paix, & la benediction de nôtre Seigneur Iesus-Christ, & qu'en consideration du seruice qu'ils y rendront, ils reçoiuent toute prosperité temporelle, & spirituelle. Nous voulons que tous les Bien-facteurs de cette sainte Redemption des Captifs ayent part aux fruits de toutes les Messes & Sacrifices, qui auec la grace de Dieu, se celebreront, seront offerts

la Mercy en Algers. 213

dans toute l'étenduë du Pontificat de Rome, & dans toutes les autres Eglises, qui en sont dépendantes comme membres. Pour conclusion, afin que le bon employ, que les Religieux de la Mercy de France, font des aumônes de Captifs, soit conneu de tous, & leur serue de motif, pour être plus libereaux à l'aduenir enuers les pauures Chrétiens Esclaues, deferant à la priere de quelques personnes zelées: ie vais rapporter trois differentes listes des Captifs, qui despuis l'an 1654. iusques à la Redemption de 1662. ont esté rachetés par les Peres de la Mercy du Royaume de France.

CATALOGVE,

Des Esclaues rachetés l'an 1644. dans la ville d'Alger, par les Religieux de la Mercy de France, extrait du recit veritable de cette redemption, qui fut Imprimé à Paris, & puis à Aix, auec la permission de Monsieur le Vicaire general d'Aix.

ESsprit Meissonier de la ville d'Aix siege du Parlement de Prouence.
Artus Faubert de saint Malo.
Baptiste Moisson de St. Brieux.

la Mercy en Algers.

Mathurin Contard de Lucé du Mans.
Michel Moureau de Blainvile Dioceze de Cotence.
Iean Truffaut de Tholon.
Charles Esteue de S. Tropez.
Iacques Rousseau de S. Malo.
Oliuier Litré de Saint Malo.
Iean le Roux de Blainvile Diocese de Cotence.
Louys Dugué de Cancale Diocese de saint Malo.
Pierre Rocherel de S. Malo.
Iacques Chantereau de saint Giles de Luçon.
Salomon Moitié, de Dieppe.
Iean Greguereau d'Olone.
Guillaume Benoist de l'isle d'Ars Diocese de Vanes.
Charles Guillot de saint Malo.
Pierre Chimildeguy d'Ascan Diocese de Bayonne.

Martin d'Aristeguy de Sibou-
re Diocese de Bayonne.
Marsans d'Arroupe d'Ortong-
ne Diocese de Bayonne.
Ioannes de Rugeres d'Arrog-
ne, Diocese de Bayonne.
Iean Loyer de Blainvile Dio-
cese de Cotence.
Iulien le Viscomte, de Blain-
vile, Diocese de Cotence.
Iean Comé, d'Olone.
Antoine Tornier d'Agde.
François Brignon de S. Malo.
Iacques Boulineau de Roche-
fort Diocese de Xaintes.
Iean de la Mare, de S. Malo.
Iacques Roussin de S. Malo.
Iean Renard de saint Malo.
Iacques Ruffin de saint Malo.
Martial Chastagne de Bour-
deaux.
Claude Seguin de Marseille.

François

François Natte de Marseille.
Mathurin Pigeon d'Olone.
Pierre Godefroy d'Olone.
Federic Toucheron de Blain Diocese de Nantes.
Guillaume Stourm de nôtre Dame de Flegouat Diocese de Saint Paul de Leon.
François Duval dit Longueuara de Vandresse Diocese de Reims.
Gaspard Seas de Noguié Diocese de Sisteron.
Louys Blanc de Marseille.
Iean Pelaut de la Sale de la Rochebernard Diocese de Nantes.
Manuël Fabre de Marseille.
Iean Richeome de S. Malo.
Guillaume Gonsard de S. Malo
Iean Daniel du Poliguin Dioceze de Nantes

Melchion de Cugis de Tholon
Iean Massé de sainct Malo.
Esprit Baldif du Martigues Diocèze d'Arles.
André Breton d'Olone.
François Izambert d'Olone.
Clement Gaillard de Marseille
Pierre Preyre de Marseille.
Iean Maurice de la Viscomté de Bauyeu.
Thomas Rufaut de la Bastide de Cernu en la Comté de Foix.
Guillaume Bochy de l'Isle-Dieu Diocese de Lusson.
Iean Bousse d'Olone.
Pierre Martin de Narbonne
François Raymond d'Olone.
Dominique Trente de Calais
Philippe Trente de Calais.
Iacques Boivin de Blainville Diocese de Cotence.

Iean de Bordes dict Vinaux de Bayonne.
Antoine Oliuier de Broc Diocese de Vence.
Antoine Guyou de Tholon.
François Viuant d'Olone.
Yuon Lacore Faquelet de Morbian.
Esprit Barlier, de Tholon.
Gaspard Senez, de Tholon.
Antoine Dalmas, de Sixfours.
Michel Vidal, de Sixfours.
François Porquier, de Sixfours
Honoré Porquier, de Sixfours
Iacques Audibert, de Sixfours.
Ioseph Boyer, de Sixfours.
Pierre Isnard, de Sixfours.
Augustin Martinec, de Sixfours.
Iean Iulien, de Sixfours.
Laurens Iulien, de Sixfours.
Iuly Boyer, d'Olioules.

Pierre Braffier d'Olioules.
Louys Rogier d'Olioules.
Denis Vidal d'Olioules.
Iean Taulier d'Olioules.
Marcelin Peyc de Souliers.
Iean Girard de Cuers.
Vincent Fournier, de la Cieutat.
Guillaume Monoy du Caftelet
Chriftophle Gentillon du Caftelet.
Cefar Aynaud du Bauffet.
Lion Reueft de la Cadiere.
Eftienne Alouche de Bras.
Benoift Martely de faint Maximin.
Iean Bernoin, de Beaucaire, Diocefe d'Arles.
Antoine Vily de Frejus.
Pierre Bertrand du Luc.
Iean Toche du Luc.
Yuon Eftienne, de Breft, Dio-

cese de Lyon.
Guillaume Segaran, de Brest, Diocese de Lyon.
Mathieu Iordan, de Brest, Diocese de Lyon.
François Serran, de Pouffan, Diocese de Montpellier.
André Morou, de Mechu, Diocese de Bourdeaux.
Iacques Fourmentin, de Dieppe, Diocese de Roën.
Iacques Esmie de l'isle d'Oleron.
André Emie de l'isle d'Oleron
François Vitrot de Marenes.
Iean Musnier de la Rochelle.
Iean Tenellot de la Rochelle.
François Ioubert de Brouage.
Iean du Chemin de S. Malo.
Estienne Pirou de saint Malo.
Pierre Martin, de Bras, Diocese de Cotence.

Pierre Lasale de Béarn.
Michel Guillot d'Oleron.
Thomas Brac, de Beaujeu, Diocese de Macon.
Le R. P. Iacques Courren Religieux de l'Obseruance, d'Aubignac, Diocese d'Orange.
Iacques Chauueau, d'Angers.
Marin Guche de S. Germain de Lauxeroy, de Paris.
Iean Gandaubert, de Castellane.
Iulien le Maistre, de Grandvile en Normandie.
Louys Iulien d'Olioules.
Iean Sicard, d'Olioules.
Michel Iulien de Sixfours.

En outre, en cette Redemption on donna le nolis, & on nourrit durant le voyage du retour en France, en la quarantaine huit Mariniers de Serignan proche Beziers, afin de les preseruer d'étre vendus

en Barbarie, Sçavoir,
Bernard Bousquet.
Guillaume Bedos.
Pierre Defos.
Esprit Fabre.
Pierre Bousquet.
Iacques Laual.
Iean Sigoust.
Antoine Artus.

Orés cette Redemption étant acheuée les Religieux de la Mercy de France, demeurerent engagés de treise mille sept cens douze piaftres, ou efcus ; & le R. Pere Sebaftien Brugieres demeura en ôtage dans la ville d'Alger, l'efpace de huit ans, durant que fes confraires peu à peu, s'acquittoient enuers leurs creãciers qui a caufe du delay du payement ont exigé de gros interefts, d'où il eft arriué vn notable empêchement a faire aprés de frequentes Redemptions.

PERMISSION.

Nous Antoine d'Arbaud Seigneur de Bargemon, Preuost en l'Eglise Metropolitaine Saint Sauueur de cète ville d'Aix, Vicaire & Official General en l'Archeuesché de ladite ville, le Siege vacquant, permettons à IEAN ROIZE Imprimeur de cette ville d'Aix, d'imprimer le Liure, intitulé, le Recit veritable de la Redemption faite en Alger l'an 1644. par les RR. PP. Religieux de l'Ordre de Nostre Dame de la Mercy, & Redemption des Captifs. *Fait à Aix ce* 11. *Feu.* 1645.

   DE BARGEMON Preuost
    & Vicaire General.
       Autre

Autre Catalogue des Esclaues rachetés en Alger, par les Religieux de la Mercy de France, en Decembre 1655. duquel Monseigneur l'Euesque de Marseille reconnût la verité, & en permit l'impression.

PRemierement il a apporté l'Image sacrée de l'Enfant IESVS, qui a esté rachetée des mains d'vn Turc, qui la vouloit malicieusement brûler.

Iacques Doucet, de Bas du Polghen Euéché de Nantes.

Barthelemy Roubaud de Marseille.

François Aurengue, de Marseille.

Iean Louys de Corio de Rochas, de Marseille.

Nicolas Blondeau, du Diocese de Xainctes.

Charles Bouteille, de Nantes.

Iacques Dolo de Portolieu de saint Gué en Basse Bretagne Euéché de Dol.

Iacques Martin, des Sables Dolone.

Mischel Chénu de la Porte-Viniere en Rialy Euéché de Nantes.

Antoine Garnier dit Parent, de Cremieu en Dauphiné.

Iacques Baron des Sables Dolone.

Paul Variet, dit la Brande,

la Mercy en Alger.

de Seneſcé en Bourgongne.

Eſtienne Piſtoye du Martegues.

Eſtienne Turc du Martegues.

Vincens Meſtayer des Sables Dolone.

Guillaume Friar du Polghen en baſſe Bretagne.

Iean Colin de ſaint Paul de Leon.

Antoine Boyer de Tholon.

DV MANDEMENT
DE MONSEIGNEVR l'Euêque de Marseille.

EStienne de Pvget par la grace de Dieu & du S. Siege Apostolique Euêque de Marseille : A tous qu'il appartiendra. Certifions auoir veu le susdit Catalogue des Esclaues, rachetés par les RR. PP. de Nostre Dame de la Mercy Redemption des Captifs, auec tous les actes en bonne forme qui font foy de ce qui contient être veritable, & en auons permis l'impression & publication, & la Procession desdits Esclaues dans Marseille. Fait ce 23. Decembre 1655.

Estienne Euéque de Marseille.

Autre liste des Esclaues qui dépuis la derniere Redemption generale, ont esté retirés des villes d'Alger, Tripoly & autres, par les soins, & des aumônes des Religieux de la Mercy de France, deuant la precedente Redemption de l'année 1662. comme il paroit par les actes retirés d'Alger, Tripoly.

IAcques Arnaux, natif de Marseille retiré d'Alger, comme aussi les suiuans.
Guillaume Requiran natif de Frontignam.

Peschal Martin natif de Marseille.

Guillaume Berroti natif de Marseille.

Iacques Martin natif de la Cieutat Diocese de Marseille.

Iacques Hugan natif de Roscof Diocese de saint Pol de Leon.

Pierre Buschet natif de Bordeaux.

Raymond Sirac natif du pas de saint George Diocese de Bazas.

Iean Carteyron natif de Bourdelois.

Iean de Molieres natif de Labatut Diocese d'Acqs.

Mingot de Cazeils natif de Capbreton Diocese d'Acqs.

Iean Maillet natif de Cassis

Diocese de Marseille.

Iean Peyron natif de Marseille retiré de Tripoli, comme aussi les suiuans.

Claude Toulan natif du saint Esprit Diocese d'Vsez.

François Germain natif de Marseille.

Cosme Guardabat natif d'Aix en Prouence.

Iean Baptiste Laure natif de Tholon.

Pierre Laure natif de Tholon.

Iacques Maraual, natif de Frontignan Diocese de Montpelier.

Iean Theus natif de Cucuron Diocese d'Aix.

Ioseph Sambuc natif d'Aix.

Estienne Deidier natif d'Aix.

Nicolas l'Air natif de Dieppe retiré de Scio.

Remy Ginfe natif de Reims retiré de Smirne ou il auoit fuy d'Algers.

Vincent Cayrol natif de Frontignan Diocefe de Montpellier.

Cofme Tiers natif d'Aix.

Vn Natif de Vauuenargue Diocefe d'Aix.

François Remy natif de Noyon, qui a rembourcé fon rachapt.

SVITE DE LA MESME RELATION,

Ou il est succinctement traité de plusieurs choses curieuses concernantes le gouuernement, la milice, & la Religion des habitans de la ville d'Alger.

CHAPITRE XXIII.

De son antiquité, des attaques quelle a euës, de diuers changemens qui y sont arriués; & du gouuernement, qui y est à present.

LA ville d'Alger situé sur la pente d'vne colline en la côte

L'Antiquité de

de Barbarie & distante enuiron de six cens mille, ou de deux cens lieuës de la ville de Marseille, est si ancienne, que l'on tient que le Roy Iuba deuant la naissance de Iesus-Christ y tenoit sa Cour, comme dans la capitale de la Mauritanie: aprés la mort de Iuba son fils fut pris, & mené en triomphe à Rome: neantmoins Iules Cesar ayant esté tué l'Empereur Auguste rendit au fils de Iuba son état, auquel étant de retour, il nomma la ville d'Alger (qui euparauant s'appelloit Iol) Iulia Cæsarea; mais les Serrazins & les Arabes s'en étans rendus maîtres, luy ôterent ce nom des Romains, & l'appelerent Algezair, c'est à dire en Arabe Isle, a cause qu'elle est située tout auprés d'Vger petite isle, où est aujourd'huy le mole de son port.

On tient que dés l'an 698. Abenchapelle Sarrazin, étant passé auec de grandes forces dans la Mauritanie, il y planta le Mahometisme,

marginalia: la ville d'Alger.

marginalia: Elle embrasse la

& s'empara de tout le pays, où les Souuerains par la succession des temps ont eu diuers Noms, ils ont esté appellés les Atlas; puis les Miromolins, c'est à dire, Roys des croyans, & des fideles; puis les Moranides, & successiuement les Almosades, les Mouleys, les Merins, les Cherifs: mais à present (comme nous dirons) le grand Seigneur en est le Maître Souuerain.

Loy de Mahomet.

L'an 1390. les Genois eurent recours au Roy Charles VI. afin qu'il les aydât à reprimer les courses des Corsaires de Barbarie. Le rendés vous de l'armée fût à Genes, d'où étant partie (comme dit Froissard) auec beaucoup de Galeres, & cent Nauires, où Vaisseaux ronds, elle aborda en Affrique; mais elle receut tant d'incommodités par la resistance des Barbares, par la mer contraire, & par plusieurs maladies, qu'elle se retira sans auoir rien auancé.

Les Genois attaquent Alger.

Vol. 4. chap. 2.

L'an 1492. les Mores étans châfés d'Espagne par la valeur de Ferdinand, ils se retirerent en la côte de Barbarie, & s'adonnerent à pyrater à l'imitation des habitans du pays : mais quelque temps aprés Pierre Nauarre enuoyé par le même Ferdinand auec vne puissante armée contre Alger, les pressa si bien qu'ils promirent à ce Roy, de luy payer pour hommage tous les ans certains tributs, & de ne plus faire de courses sur mer. Ferdinand pour les retenir d'auantage fit bâtir vne forteresse dans vne petite isle tout proche d'Alger, & y mit des hommes en garnison auec des munitions, & des viures.

Ferdinaud empéche les courses des habitans d'Alger.

L'an 1510. Pierre Nauarre ayant au nom de Ferdinand conquis Bougie, & Oran, les habitans d'Alger donnerent volontairement leur Ville, à Seluin Entemi puissant Maure, & prince des Arabes habitans de Mutijar, & aprés l'an 1516. aprés la mort de Ferdinand desirans secoüer absolument le iong des Chrétiens, ils eurent recours à Hariaden Barbarouſſe inſigne Pirate, qui venant de Gigery ou il regnoit, fut reçeu auec applaudiſſement de tous, & aprés il fit étrangler Seluin.

Ils cherchent diuers protecteurs.

L'année 1517. le fils de Seluin retourna deuant Alger, d'ou il auoit fuy, auec vne armée de dix mille Eſpagnols; mais la tempête diſſipa toute cette flotte, ſi bien qu'il ne reſta preſque aucun ſoldat.

La même année 1517. Hariaden, ou Aruc Barberouſſe, conquit les villes de Tenés, & de Tremeſen qui ſont vers le couchant, & les rendit tributaires à l'état d'Alger. Aprés ſa mort ſon frere nommé Cheridin Barberouſſe luy ſucceda étant nommé Roy par toute la ville. Cét homme qui paſſoit pour auoir de l'eſprit, reconnoiſſant qu'il ne pouuoit ſubſiſter ſans quelque appuy, mendia la protection du grand Seigneur, priant ſa hauteſſe & Majeſté Imperiale d'agréer, qu'il releuât d'elle,

Alger ſous Cheridin Barberouſſe

& de croire que son ambition étoit que les bornes de l'Empire Turc, fussent d'autant plus élargies en Barbarie. Le grand Seigneur luy enterina sa demande, & luy envoya deux mille Turcs naturels, permettant que tous y passassent, & qu'ils y joüyssent des mêmes priuileges, dont vsent les Ianissaires en Turquie ; depuis ce temps-là donc ont commancé les Baschas, ou Bassas, & Viceroys d'Alger. Otes ce Cheriduy prit le Cole, & la ville de Bonne.

se soû-met au grand Seigneur

L'Empereur Charles V. l'an 1541. voulant détruire la ville d'Alger, qui est la plus infame de toutes les retraites des Pyrates, mit sur mer vne armée composée de vingt deux mille hommes, qui auoient dix-huit Galeres, & grande quantité de gros Vaisseaux, outre plusieurs barques, & Tartanes. Il alla prendre terre, à la côte de Barbarie au Cap de Matifou peu distant d'Alger, en étant proche, il y fit bâtir vne Forteresse du nom du Château de l'Em-

Siege d'Alger Charles V.

pereur. La ville fut alors en grand'a-
larme, parce qu'ils n'y auoit pas
plus de six cens Turcs, & huit mille
Mores, apparemment elle deuoit
être prise, & les assaillis perdans
courage ne pensoient qu'à se rendre.

L'Aga qui commandoit, sollicité par vne vieille Sorciere de tenir
encore bon l'espace de neuf iours, &
asseuré qu'au bout de ce temps-là, le
Siege se leueroit, se resolut de prendre courage. La chose reussit selon
la prediction de la Sorciere, car le
28. iour d'Octobre suiuant, il tomba
vne continuelle pluye sur terre, &
sur la mer, il s'eleua vne tempête si
furieuse, qu'il se perdit quinze Galeres, & presque tous les Vaisseaux.
L'Empereur voyant sa flotte toute
ruinée fit voile, se retira en Sicile,
les Algeriens attribuans cette dé-
routte non aux charmes de la Sorciere, mais aux prieres d'vn Marabou nommé Clydi Vtica, ils dresse-
rent depuis hors de la porte de Babason vne petite Mosquée, où il est

Leuée du siege attribué aux charmes d'vne Sorciere.

enfeuely, en laquelle ils entretiennent des lampes ardentes, & par fois font la Sala, c'est à dire la priere.

L'an 1555. Sala Raiz, & Bacha ayant vne armée de trois mille Turcs, & de trente mille Mores s'empara de Bougie, qui luy fut renduë à composition par Alouse de Peratte commandant; auquel aprés son retour en Espagne, le Roy fit trancher la tête pour punition de sa lacheté.

Etenduë du Royaume d'Alger.

De cette sorte ces Mahometans ont beaucoup étendu leur état d'Alger, puisque du côté du Leuant, il va iusques à Tabarque proche de Tunis, & du côté du couchant, il est voisin d'Oran vers le Royaume de Fez, ainsi contient toute la Mauritanie Cæsariene, & la Numidie, où il a diuerses Villes, & Bourgs, comme Bonne, Constantine, le Cole, Gigery, Bougie, Tenez, l'Estore Tadelis, & Tremesen.

Despuis enuiron sept-vingt ans, le grand Seigneur enuoye des Baschats chas, ou Viceroys à Alger, lesquels a tousiours eu soin de fournir, du reuenu du Royaume, & le payement aux soldats, où Ianissaires : & lors qu'il ne s'est pas rencontré de fond, & qu'il n'a pas peu y suppléer, ou on les a enfermés en prison, ou on les a mis à mort. Leur humanité a esté iusques à ce point, que d'en piler quelques-vns, à cause qu'ils ne payoient pas la solde, aux Officiers, & c'est pour cet vsage que dans leur magazin, ou Alcassaue, ils conseruent vn grand mortier de bronze.

Le grand Seigneur commāce d'enuoyer des Bachas en Alger.

Et comme depuis quelques années, ils ont remarqué que presque tous les Bachas ne s'interessoient pas assés pour l'entretien, & le payement de la milice, ils ont comme tourné en coûtume de tenir le Roy, ou Bacha enfermé dans sa maison, d'où sous griefue peine, il n'ose sortir sans permission de la Doüanne, ou Diuan ; & receuant ce qui est iuste pour l'honnéte entretien de sa

On tient à !Alger le Bascha enfermé.

famille, il ne fe mefle en aucune façon des affaires de l'état, ny ne manie pas la moindre fomme de reuenus du Royaume : mais on fubftituë en fa place quelqu'vn des Anciens de la Doüanne, que l'on nomme Gouuerneur, lequel à foin de regler quantité d'affaires, fe tenant à la maifon du Roy, defpuis le matin iufques à quatre heures aprés midy, & fur tout de pouruoir au payement de la folde, de toute la milice.

Baba Calile affaffiné en Alger.

Mais tels Gouuerneurs ne font pas en grande feureté de leur vie, l'année 1660. vn nommé Baba Calile, qui paroiffoit fort porté & pour l'entretien des foldats, & pour augmenter les richeffes de l'alcaffaue, ou du Diuan, fût vers la fin de l'été affaffiné dans vne ruëlle de la ville d'Alger, par deux meurtriers apoftés par quelques-vns des Principaux de cét état, au prejudice defquels il auoit fait ordonner quelque chofe par le Diuan.

la Mercy en Alger. 243

Ce Baba Calile étant mort, on mit en sa place vn de ses parens appellé Ramadan, lequel ayant gouuerné paisiblement durant quelques mois, on remarqua que lorsque l'on vendoit au soc les prises faites par les Corsaires, il estoit enclin à se les faire adjuger à vn prix excessiuement bas, d'où il arriuoit que luy s'enrichissant outre mesure son auarice causoit vn notable dommage aux soldats. Ce procedé de Gouuerneur les irrita, de sorte qu'ils concerterent de se défaire de luy, & ayans pris leurs mesures, vn iour de saint Laurent l'année 1661. ils luy chercherent querelle dans le Bautistan lieu destiné pour la vente des Chrêtiens, & d'autres marchandises; se plaignans de ce que les soldats n'éroient pas bien payés : luy qui desiroit l'honneur s'offença de ce qu'on luy parloit sans respect, & ordonnant qu'on se saisit de quelques-vns, plusieurs se ruerent sur luy, & luy coupperent la tête. De

Plusieurs meurtres recemment en Alger, & le Gouuerneur tué.

ce pas ils allerent en diuers endroits de la Ville, auec grande & seure escorte d'autres soldats qu'ils auoient preuenus, de sorte qu'ils en tuerent encore cinquāte, ou soixante des Principaux de la Ville, de la faction de Ramadan, & pendirent leurs têtes auec leurs flocons de cheueux à des ceps de vignes, deuant le lieu surnommé la maison du Roy. Cette derniere action à rendu les soldats encore plus insolens, & puissans qu'auparauant; de sorte qu'estans plus maîtres que iamais de la ville d'Alger, ils ont étably pour dernier Gouuerneur vn renié Portuguais bien âgé, & homme de bon sens, lequel ayant autrefois passé par la charge d'Aga, se nomme communement Chaban Aga galan. De tous les meurtres commis on n'en a fait aucune recherche, ny information; & Chaban Aga pour se maintenir dans cette charge, ou il est comme Captif, & pour se conseruer la vie, à trois choses à

Chaba Aga dernier gouuerneur étably à Alger.

pratiquer, qui font, ne chocquer aucun foldat, foigner à ce que l'on ne retarde iamais a leur payer la folde, & procurer tous les moyens poffibles pour accumuler toufiours de nouuelles richeffes dans le trefor de l'Alcaffaue; où vn bon Gouuerneur (felon leur dire) doit toufiours mettre de nouueau, & n'en iamais rien retirer.

Commēt il conferue fon auctorité

Chapitre XXIV.

Legere defcription de la ville d'Alger, & de fon terroir.

Cette Ville eft bâtie en carré fur la pente d'vne colline affez haute; neantmoins elle paroît moins l'arge par le haut, qui eft le cartier de l'Alcaffaue, que par le bas, elle a plufieurs portes. La premiere eft celle de Babafon, qui regarde le Leuant, & où fe vendent quantité de prouifions de bouche, que l'on amene de dehors sur des Chameaux, que l'on void communement en ce pays-là, c'est l'endroit ou logent les Marchands Arabes, & Maures, qui viennent à la Ville pour y debiter quelques denrées. Ce fut aussi de ce côté-là que Charles V. assiega cette ville. Dehors la même porte on y void de tres grands crochets de fer plastrés dans la muraille proche le haut, par sentence de Iustice, qui se prononce sans beaucoup examiner les plaintes, ny les accusations, on attache à ces fers non pas les Turcs, mais les Chrêtiens criminels, les Iuifs, & les Mores. On voit aussi en ce cartier quantité de sepultures des Turcs ; les communes & de toute vne famille, sont closes comme vn petit iardin auec quatre murailles basses. Les autres qui sont celles des personnes puissantes, sont de petits bâtimens comme en forme de chapelles auec des domes. On montre aussi du même côté des maisons & retraites de Marabous, qui

Babason porte d'Alger.

Les choses qui y sont remarquables.

imitans les Hermites catholiques, qui sont vêtus de robes blanches auec des capuçons, menent vne vie retirée, & portans de gros chapellets a leur col passent pour de grands Saints, qui ont de belles connoissances, & sont fort éclairés. Neantmoins tels penitens ont souuent femme, & enfans.

La deuxiéme porte est la porte Neufve, par où on va au Château de l'Empereur, il me semble qu'elle est bouchée.

La troisiéme, est la porte de l'Alcassaue, parce qu'elle est proche de cette forteresse, qui est l'Arcenal, & le lieu de l'épargne de la Ville, en ce cartier est la place destinée pour faire mourir les Chrétiens, lors que le zele le transporte à parler contre Mahomet; ou qu'ayans renié la foy Catholique, ils reuiennent à eux, & se repentans de leurs fautes, ils abiurent les erreurs de Mahomet, & les réueries de son Alcoran; ou qu'ayans contracté des deptes, ils different trop de payer leurs creanciers. Pour ce troisiéme cas vn certain Italien a esté brûlé, auec tres grande cruauté, dépuis dixhuit mois en suitte de la sanglante execution, que l'on fit de Ramadan, & de ses supposts.

Hors de la porte de Babaloüette, on voit encore grande quantité de sepultures des Turcs, dont quelques-vnes sont bâties auec assés haute structure en forme de domes. Tout au bout enuiron à demye lieuë on y voit à main gauche, le cimetiere des Iuifs; & de l'autre côté est celuy des Chrétiens assés étroit, que la mer arrose souuent de ses vagues. C'est vne belle pratique de charité, de prier pour les Esclaues viuans; & aussi pour les Morts, desquels les Religieux de la Mercy procurent le repos, celebrans pour eux, tous les ans vn Aniuersaire dans châcun de leur Conuents. A peine peut'on aller à ce Cimetiere pour recommander à Dieu, les ames des

Dans l'Ordre de la Mercy on celebre tous les ans vn Aniuersaire

la Mercy en Algers. 249

des deffuncts, que l'on ne rencontre sur les chemins des femmes des Turcs, qui font porter auec elles des Coqs pour les sacrifier prés d'vne fontaine distante d'vne lieuë, ou dauantage de la ville.

La cinquiéme porte est appellée celle du molle, parce qu'elle y abboutit directement. Ce mole est vne grande masse de pierre a peu prés en demy rond. Sa largeur est de six, ou sept pas, & sa longueur de plus de trois cens. Ce mole forme le port, ou se voit ordinairement beaucoup de Vaisseaux tant de course, qu'autres qui en Autonne, & en Hyuer sont fort incommodez d'vn vent grec tramontane.

La sixiéme & derniere porte est au bord de la mer, tout contre l'Arcenal des Nauires, & à peu de distance du mole, en franc on l'appelle la porte de la piscaderie. A ces portes il y a tousiours des Turs armez de gros bâtons, auec lesquels ils maltraitent souuent les Esclaues

pour les fidels captifs defuncts.

I i

paſſans, c'eſt par cette derniere porte qu'entrent les Peres Redempteurs arriuans en Alger, ils ſortent auſſi par la meſme voulans faire embarquer leurs Chreſtiens rachetez. Depuis l'an 1610. on compte dans la ville enuiron cent fontaines, que maître Mouſſe Mauriſque y a faites par le moyen d'vn Aqueduc, qui vient de deux lieuës hors de la ville.

Selon le dire commun il y a bien cent mille habitans dans la ville d'Alger, dont les vns ſont Turcs naturels, venus du Leuant, les autres reniez, les autres Couloulis, natifs dans le pays d'vn Turc ou naturel, ou retiré, & d'vne femme More. Outre ceux là il y a pluſieurs Mores du pays, & auſſi des enfans des Mauriſques chaſſés d'Andalouſie, & de Catalogne, nommez Tagarins, & Andalous. Les Iuifs ſont auſſi beaucoup multipliés dans la ville d'Alger, où il y en demeure enuiron huit, ou neuf mille. Et des trente ou quarante mille Eſclaues

la Mercy en Algers. 251

qui font de l'étenduë de l'Estat d'Alger, il peut y en auoir plus du tiers dans la Ville. On y voit aussi grand nombre d'hommes, mais encores plus de femmes noires, qui pour la plus grande partie sont Esclaues.

Pour les Ruës, exceptés deux ou trois, qui sont vn peu larges, toutes les autres sont fort étroites ; ce qui peine beaucoup les pauures Chrêtiens, qui portent de poisans fardeaux, & qui crainte de heurter quelqu'vn, & de gaigner quelques coups de bâtons, sont obligés de crier souuent BALEC, qui signifie faites place, ou détournés vous, on reçoit passant par ces ruës étroittes de grandes incommodités, à cause que souuent on y rencontre des Chameaux, qui en occupent toute la largeur. Mais ce qu'il y à de plus particulier à remarquer, est qu'au bout de plusieurs ruës, il y à de hautes & fortes portes, que l'on ferme la nuit afin d'empécher les vols & autres maux, & qu'on ne puisse pas

[marginal:] Ruës d'Alger.

aysement aller d'vn cartier à vn autre.

Maisons d'Alger.

Quelques-vns tiennent qu'il y à bien treize mille, les autres quinze mille maisons dans la ville d'Alger, elles sont bâties de bricques n'ayans ny fenêtres, ny architecture par dehors. Pour la plus grande partie elles sont petites; il peut y en auoir deux ou trois mille de plus grandes, qui pour l'ordinaire n'ont qu'vn étage. Il y à quatre galeries en bas, comme en forme de cloître, & autant en haut auec vne basse-cour au milieu, sur tout le bâtiment, il y à vne platte forme, d'où l'on voit la mer en quelque cartier que la maison soit située. Les chambres qui sont fort longues, & tres étroittes, ressemblans à des galleries, prennent tout leur iour de la porte, qui est haute & large, & se ferme à deux battans. Pour plancher il y à vn paué de petits carreaux de terre de diuerses couleurs, ouuragée à la Mosaïque. Ie n'obmettray pas que toutes ces maisons grandes, & petites sont enduites, & blanchies de chaux, tant dedans, que dehors, ce qui est cause que la ville d'Alger s'aperçoit de fort loing sur mer.

Outre la maison qu'ils appellent du Roy, tous les baignes, qui seruent de prison, & en partie de lieu de supplice aux pauures Esclaues, sont des maisons assés spatieuses, mais qui prouoquent à grande compassion ceux qui ont la curiosité d'y entrer, à cause de la maniere de coucher des pauures Esclaues, qui tant dans ces lieux-là, que dans les autres de la Ville sont beaucoup plus mal couchés, que ne seroient les Cheueaux & Vaches en France dans les escuries, & étables. *Baignes.*

On y remarque de plus huit, ou neuf maisons assés vastes, & agreables; on les nomme Casseries, ou Funduques; elles sont bâties en façon de cloîtres auec vne belle fontaine au milieu de la cour: les Soldats, ou Ianissaires, ausquels elles *Casseriés* seruent de logement, y ont vne chambre de huit en huit; & quoy qu'ils y soient grand nombre, tout neantmoins y est si propre, qu'en leurs appartemens on n'y voit aucune saleté; elles sont appropriées par des Esclaues du Diuan, dont certains payans vn gros tribut, ont droit d'y debiter du vin.

 On y remarque peu de Synagogues des Iuifs, qui moyenant certain impost y ont liberté d'exercer les ceremonies de leur religion: mais de tous côtés dans les ruës, il y à des Mosquées assés grandes, remarquables à cause de leurs tours eminentes; c'est-là où de iour, & de nuit à certaines heures les Turcs, s'assemblent pour faire leur priere. Les Chrêtiens peuuent en passant y ietter la veüe, si elles sont ouuertes; mais sous peine ou d'embrasser la Secte de Mahomet, ou d'estre bruslés, ils ne peuuent y mettre le pied; neantmoins les Esclaues de Bellic, qui est la Doüanne, y sont

Mosquées.

la Mercy en Alger. 255

enuoyés pour trauailler, quand il y a quelque reparation à faire.

Il y à diuerses Forteresses & Châteaux pour la deffense de la Ville, dont les murailles du côté de la marine, ne semblent pas fortes. La premiere forteresse c'est l'Alcassaue, qui est de fort grande étenduë dans la Ville, & fait vne partie de la muraille entre le Leuant, & le Midy. C'est en ce lieu que sont cachés les tresors d'Alger, qui s'augmentent chàque iour, & dont on ne dépense aucune partie. C'est aussi en ce lieu que presentement le Conseil d'état, où le Diuan s'assemble quatre fois toutes les semaines. Il y à tousiours garnison de soldats, qu'on change de temps en temps (ce qui se pratique aussi pour toutes les autres Forteresses de l'état d'Alger) & nul Chrétien n'y à entrée; mais les Papasses, & le Consul quand ils ont à proposer, se tiennent vers la porte au dehors, & pat l'entremise du Truchement ils proposent ce qu'ils

Forteresse de l'Alcassaue.

desirent, & apprennent la resolution du Diuan.

La seconde Forteresse est le Chasteau de l'Empereur, car l'Empereur Charles V. le fit commancer l'an 1541. assiegeant la Ville, & les habitans l'ont fait acheuer ; cette Forteresse sert de Citadelle, ayant tousiours garnison, & estant pouruëuë de plusieurs pieces de Canon.

La troisiéme Forteresse s'appelle le Chasteau neuf, ou des sept cantons, ou de l'estoille ; elle à sept angles, & est entre le chasteau de l'Empereur & la Ville, tirant vers le Midy à 500. pas de la Ville.

La quatriéme est au couchant à 300. pas hors de la porte de Babaloüette, flanquée sur la pointe d'vn petit rocher au bord de la Mer.

La cinquiéme est au Leuant hors de la porte de Babason prés de la Mer, i'estime qu'elle est bastie depuis peu d'années.

La sixiéme, est vn Bouleuard qui est bon nonobstant sa petitesse, & est

est situé tout auprés de la porte du mole vers la grande Casserie, la sont remarquables quelques grosses pieces de campagne, qui du côté de la mer deffendent le port.

La septiéme, est dans vne petite isle sur des escueils, au milieu du mole qui fait le port, elle est en forme d'vne tour à cinq angles, il y a plusieurs pieces d'artilerie pour la deffence du mole du port.

La huictiéme Forteresse est encore sur le mole, peu distante de la septiéme c'est plûtost vn boulevard, qu'vn chasteau, l'ouurage n'est pas acheué, mais presentement on y trauaille encore pour auancer l'edifice, voicy l'industrie dont se seruent ces barbares. Lors qu'il a esté question de mettre la premiere main à l'ouurage, tous ceux de la Doüanne pour donner l'exemple à la Ville, & afin de marquer leur zele, & d'animer les autres, durant quelques iours portoient chacun quelque pierre sur leurs épaules ; &

K x

Belle industrie pour auancer le bâti-

en suitte ils ont ordonné que deux ou trois fois chaque semaine les Iuifs, & les Mores auec leurs Esclaues portoient à cét atlier des pierres, afin que les maçons ne manquent pas de materiaux. C'est pourquoy dés le matin on entent à certains iours resonner quelques instruments comme fiffres, & autres, & aprés ceux qui en iouent, on voit passer par diuerses ruës quantité de Iuifs, & Mores, meslés, qui à l'enuie l'vn de l'autre portent auec diligence des materiaux pour auancer la Forteresse de la marine. C'est aussi à cette besoigne que sont occupés les Chrétiens Esclaues du Bellic au nombre de plusieurs cents. C'est de plus le lieu, où n'agueres on obligea les Religieux Esclaues de trauailler; & ou ils gaignerent tous quelques indisposition.

Pour ce qui regarde le terroir d'Alger, il est bon, & fertile. Dans son étenduë de huit à dix lieuës de la Ville, quelques-vns tiennent

ment de la Forteresse de la marine.

qu'il y a bien dix-huit mille maisons, qui sont ou auec des simples iardins, ou auec des terres labourables; & ces fermes sont communément appellés maceries. Plus loing de dix ou douze lieuës de la Ville les terres ne sont point du domaine propre, & particulier de qui que ce soit: mais elles sont cultiuées par quiconque en veut prendre la peine. Les Mores habitent tous ces lieux fort écartés de la Ville, & aussi d'autres endroits qui n'en sont distans que de deux, ou trois lieuës: ils logent seulement sous des tentes, qui étans en bon nombre iointes, & assemblées l'vne proche de l'autre, composent vn village, qui n'a point de lieu stable; mais cette année est icy; & comme il est portatif, dans six mois il sera assés loing du lieu, qu'il occupe presentement. Ils appellent vne tente auec tout ce qu'elle couure & contient tant hommes, que brutes, barraques; & nomment vn village,

Les villages des d'Alger se transportent d'vn lieu à vn autre.

ou hameau doüar; de sorte qu'vn doüar est composé de plusieurs barraques.

Orés comme voyla tant de nations differentes, tant dans la Ville que dehors, afin qu'elles se puissent toutes entendre, on a inuenté en ces cartiers-là vne espece de langage, qu'on nomme le franc, & qui est composé de langues Espagnole, Italienne, & Prouençale; ou bien c'est vn Espagnol corrompu, & tous l'entendent & le parlent, exceptés les Turcs naturels recemment venus du Leuant. Dans l'assemblée de la Doüanne soit en proposant, soit en opinant, ils n'vsent que de la langue Turquesque. Mais la langue propre du pays, & qui est plus en pratique parmy les Mores, & les Coulolis, c'est la langue More, qui s'appelle aussi Arabesque: & d'autant que les Turcs naturels ne l'entendent point, les Mores ont besoin d'vn Truchement, qui parle pour eux à la maison du Roy deuant

Les langues qui sont en vsage dans le pays d'Alger.

la Mercy en Alger. 261

le Gouuerneur, & au Conseil de la Doüanne, & represente leurs affaires; & aussi leur fasse sçauoir & explique les resolutions, qui ont esté données touchant ce qui les concerne.

CHAPITRE XXV.

De la milice, & du Conseil de l'état d'Alger. Auec le denombrement de tous ses officiers.

IE ioins ces deux choses qui semblent bien differentes, sous vn méme titre, à cause qu'il n'y a point de conseiller dans l'état d'Alger, qui ne soit Soldat, & éleué dans la milice, & ie traite de cecy selon que ie l'ay pû apprendre sur les lieux, & que ceux qui en ont composé, l'enseignent; aduoüant que pour ces poins, & autres dont ie ie parle, i'ay leu ceux qui par-cy deuant ont fait des relations de la ville d'Alger: & comme étant dans le pays, i'ay reconnu que ce qu'ils aduancent, est veritable, ie n'ay pas honte de repeter quelque chose de ce qu'ils ont desja dit, mais peut-étre auec moins de clairté.

Depuis que la milice d'Alger est en possession de l'autorité souueraine, il ne s'y passe rien de consequence que par son ordre exprés: d'où vient que dans les declarations & Edits qu'elle fait, elle parle tousjours en ces termes de preéminence.

> Nous grands, & petits de la puissante, & inuincible milice d'Alger, & de tout son Royaume, auons arrété, & resolu, &c.

Selon quelques-vns, cette milice est composée de vingt-deux mille hommes, & selon les autres, de moins. Il y en à qui sont Turcs naturels venant du Leuant, ou enfans de ces même Turcs, engendrés dans la Barbarie, & qui se nomment Coulolis. Les autres sont reniés, qui ont pris naissance en diuers pays étrangers. Neantmoins les reniés ne peuuent être soldats, ny tirer solde dans cette milice, s'ils ne sont libres, & francs, c'est à dire, s'ils n'ont acquis la liberté ou en se rachetant eux-méme; ou si leurs patrons en consideration de leur bon seruices ne leur ont donné la franchise. Il faut qu'il y ayt toufiours bon nombre de Turcs naturels, afin que les reniés, ou Coulolis ne preualent : c'est pourquoy lors qu'il y en a trop peu, ou il en vient quelques-vns auec le nouueau Bascha, ou en autre temps on a soin d'en enuoyer querir. *Les soldats qui composent la milice d'Alger.*

Les Mores, ny Arabes ne peuuent auoir charge en cette milice, crainte qu'étans naturels du pays, ils en chaffent les Turcs, & les reniés : Les Maurisques aussi n'y sont pas admis. Celuy qui veut y être

L'Aga fait enroller les Soldats.

enrollé, va trouuer l'Aga, & l'escriuain du Dinan, qui prennent son nom, & le mettent aussi-tost à la paye, qui est de quatre doubles par mois, chaque double étant vn cart de piastre, qui reuient à quatorze sols & demy, monnoye de France. Ils ont de plus tous les iours quatre pains d'amonition, dont chacun vaudroit prés d'vn sol en France. Ils ont aussi leur logement asses commode dans les Casseries, & y peuuent trauailler de leur métier. S'ils sont mariés, ils n'ont pas du pain, mais ils peuuent demeurer auec toute leur famille dans la Ville & y exercer quel negoce s'il leur plaist. Chaque Soldat se peut faire mettre à la paye, sitost qu'il est propre à porter les armes. Et mourant s'il laissé des Enfans qui soient à la mammelle, la Doüanne paye pour eux, comme s'ils étoient Soldats, pour les faire nourrir. Cette solde s'accroit d'vn double chaque Lune, ou mois, autant de fois que

Les appointemens de Soldats d'Alger.

ces

ces Soldats ont esté aux Camps pour receuoir les lismes, ou tributs, & tailles des Mores; ou qu'il vient quelque nouueau Bascha, & toutes les fois qu'il est nay vn enfant masle au Grand Seigneur. Ainsi telle solde va montant iusques à quarante doubles par Lune, & ne passe pas outre, quelque charge que l'on ayt dans la milice, de laquelle on tire tous les Soldats qui sont dans les garnisons des villes frontieress que l'on change de six en six mois.

Quand on arme vn Vaisseau de course, on y mesle tousiours quelques-vns de ces Soldats, dont on reserue d'ordinaire quatre mille pour les besoins occurrens.

C'est vn grand aduantage pour eux, que châcun à son rang, & selon le temps de sa reception peut paruenir à la dignité d'Aga, qui est le chef de la milice, & du Conseil tant d'état, que de guerre.

1. Les simples soldats, & Ianissaires s'appellent Oldachis, aprés

l'auoir esté quelque temps, ils deuiennent à leur rang, & sont faits

2. Biquelars, ou Cuisiniers du Diuan, qui dans les Casseries, aux garnisons, aux camps, & aux armées apprêtent à manger, & à boire aux Officiers, & aux chefs principaux de cette milice.

Noms des Officiers de la milce d'Alger.

3. De Biquelars, ou Cuisiniers, ils deuiennent Odabachis, c'est à dire Caporaux de compagnies, ou chefs de quelques escadres, comme du nombre de dix, ou vingt Soldats.

4. De la charge d'Odabachis, ils montent à celle de Bouloubachis, ou de Capitaines.

5. De Bouloubachis, ils deuiennent Aiabachis, qui ne sont que vingt-quatre, & sont les principaux tant de la milice, que du Conseil du Diuan.

6. En suitte, ils peuuent être éleués à la dignité d'Aga, qu'ils ne tiennent que durant deux mois: & même par iour on en change de cinq, ou six, quand ils ne sont pas

ugés par le Diuan capables de cette charge.

7. Aprés la dignité d'Aga, ils tiennent rang de Manſulagas, ils ſont comme Veterans, & Emeriti milites, n'étans plus obligés à aucune fonction de Soldats, ils reçoiuent quarantes doubles par Lune. Ils ſe rencontrent à la maiſon du Roy pour compter diuerſes ſommes, qui y ſont apportées: & ſi le Diuan a beſoin d'vn general, ſoit pour les Camps, ſoit pour les Armées, on le prend d'entre les Manſulagas.

8. L'Aga a droit de choiſir d'entre les ſimples Ianiſſaires, quatre hommes pour ſa garde, que l'on nomme Solachis, ils portent le Cimeterre, & ont ſur leur Turban vne maniere de petitte tour de cuiure doré. Au reſte tous ces officiers ont quelque marque de diſtinction à leur Turban, & lors qu'ils ſont à l'aſſemblée du Diuan, par les plumes, ou placques de cuiures qu'ils

ont à la teste on peut aysément iuger du rang, & de la dignité où ils sont paruenus. Au reste on ne fait état dans Alger, que de ceux qui sont de cette milice, lesquels ne sont pas iusticiables par le Cadis qui est comme le Preuost, & Iuge ordinaire de la Ville ; mais seulement par l'Aga, ou par le Caïa, qui est son Lieutenant. Et quiconque n'étant pas Soldat en frappe vn, il est condamné à auoir le point couppé. Ores voicy comment les Soldats sont enuoyés aux camps.

La maniere de leuer les tailles dans l'état d'Alger.

Tous les ans on leue les lismes, ou garames, ou tailles sur les Mores, & Arabes, qui logent à la campagne dans les Barraques, ou tentes. L'escriuain du Dinan, qui est comme le Secretaire d'Estat, à la charge de composer trois camps, dont chacun est de trois cens Soldats ; Il les tire du nombre de tous ceux qui ont payé dans la milice, dont il conserne le rolle ; & les employe chacun selon le rang de leur reception, &

selon le temps qui s'est écoulé depuis qu'ils n'ont fait ce voyage. De ces trois camps, qui sont tous gouuernés chacun par vn Aga, l'vn est enuoyé du côté du couchant vers Tremesen, dont il retient le nom, l'autre vers Bonne, & Constantine, & le troisiéme vers le Midy iusques au pays des Negres fort auant dans les deserts. D'ordinaire trois cens Soldats viennens à bout de sept, ou huit mille Mores, & preuoyans que ces gens champestres, se deffians de leurs propres forces renuersent leur ménage, & chasseront deuant eux leurs bêtes dans les montagnes, afin de les rencontrer plus certainement, ils vont en course au temps de la moisson; & taxent les doüars selon qu'ils iugent qu'ils sont riches, & ne trouuans point d'argent ils saisissent, & emmenent le bêtail : & aprés la leuée des tailles, ou lismes, ils rendent compte des deniers en plein Diuan. Le Mousquet, & le Cimeterre sont les

270 *Voyage des Peres de*
armes, qu'ils ont accoûtumé de porter, quand ils vont à la guerre, ou aux camps, ou en courſe ſur mer, & non autrement.

Le Diuan ou la Doüanne, comme il y à deſja eſté dit pluſieurs fois, eſt comme le Conſeil d'état de la Ville, & du Royaume. Autresfois il s'aſſembloit le Samedy à l'Alcaſſane, & le Dimanche, le Mardy, & le Ieudy à la maiſon du Roy, où le Baſcha ne s'y treuuoit que lors qu'il eſtoit appellé par le Diuan qui enuoyoit les Chaoux pour le ſaluër par trois fois s'arrétans au bas du degré & l'appellans à haute voix, comme s'il eût eſté ſourd. Mais comme preſentement le Viceroy, ou Baſcha d'Alger vit comme vne perſonne priuée, & ne ſe meſle d'aucune affaire publique, le Conſeil ſe tient touſjours au château de l'Alcaſſane, & le Baſcha n'y eſt point appellé.

L'Aga qui preſide au Conſeil, eſt aſſis au lieu le plus honnorable, & propoſe les matieres qui doiuent

Du lieu où ſe tiét le Conſeil d'état.

la Mercy en Algers. 271
estre mises en deliberation : apres
que les quatre Officiers, que l'on
appelle Bachouldala, ont oüy sa
proposition, il la font entendre à
tout le Diuan à haute voix, & sans
sortir de leur rang la parole ainsi
passée iusques au dernier des Officiers, remonte des vns aux autres
auec bruit, & hurlement estrange,
quand il arriue que la chose n'est
pas au goust de l'assemblée, alors
l'Aga donne ses conclusions. Rien
ne se fait qu'en presence de l'Escriuain, ou Secretaire du Diuan, qui
en peu de mots escrit tout ce que
l'on y conclut, & en tient registre.

Les vingt-quatres Aiabachis se
trouuent à cette assemblée, auec
obligation de porter alors leur Bar-
nouz noir, auec le capot, ou cha-
peron en teste, & chacun d'eux est
assis à son rang selon l'ancienneté
de sa reception. Ce Conseil n'est
plus composé des Bouloubachis,
comme autresfois, car depuis l'assa-
sinat de Ramadan, & des autres,

Quelles persones ont voix au Conseil d'état.

les Bouloubachis quoy que Capitaines ont petite autorité dans l'état, & ne se peuuent plus trouuer au Conseil pour les Odabachis qui se sont à present attribué tout le pouuoir, leur nombre (ce me semble) n'est pas limité, de sorte que par la pluralité de leurs suffrages ils preualent tousiours pardessus l'Aga & les Aiabachis, mais ils se tiennent debout quelquesfois six, ou sept heures, ayans les mains croisées l'vne sur l'autre, sans qu'il leur soit permis de les ôter, que pour quelque necessité; ny de porter non plus aucunes armes, non pas méme vn coûteau; depeur qu'il n'y ayt du tumulte. Et si quelqu'vn hausse les mains qu'il tenoit croisées, commançeant quelque sedition, on le saisit aussitost pour le mettre dans vn sacq, & le ietter à la mer.

Quand on doit examiner des affaires de grande consequence, on mande au Conseil quelques Mansulagas, qui peuuent en ce cas y assister,

ster, & non autrement. Quand les femmes veulent se plaindre, elles s'assemblent en grand nombre (quoy que rarement elles passent par les ruës) & toutes voilées selon leur coûtume quand elles sortent du logis, elles vont à la porte du Diuan crier charala, c'est à dire, iustice de Dieu, & elles sont volontiers écoutées.

Plaintes des femmes au Diuan.

Dans ce Diuan on ordonne souuent que tel, ou tel Soldat, ou méme des principaux Officiers receura telle quantité de coups de bâtons, sur les reins, & le derriere; ce qui est sur le champ executé, les plus anciens mémes employans leurs bras pour ce châtiment : ce qui va iusques à telle rigueur, que parfois ces Mahometans reçoiuent iusques à douze, ou quinze cens coups de bastons, & expirent sur la place. Depuis peu d'années vn Aga ayant commis quelque faute, tout chef qu'il estoit de l'assemblée, fut obligé d'éprouuer cette inhumanité, &

Du Aga d'Alger, reçoit quantité de coups de bâtons, & puis est mis à mort.

après auoir reçeu deux ou trois cens coups de baſtons, on le remit dans ſa place : mais ce ne fut pas la fin de ſon mauuais traittement, car incontinent on ſe pleignit de ce qu'il auoit appliqué a ſon vſage propre quelques deniers, qu'on auoit leués par maniere de taxe, & qui appartenoient à la Doüanne. Pour ce ſujet ſans remettre l'examen à vn autre iour, ny luy donner temps de ſe purger de ce crime de concuſſion, il fut en même temps condamné à mort, & l'execution fut faite le même iour, tant du ſeigneur Aga, que de ſix, ou ſept autres celebres dans le Conſeil du Diuan.

Au lieu que l'on bruſle, ou pend ſur vne muraille, ou enganche, & attache à des crochets de fer les Chrêtiens, les Iuifs, & les Mores, pour l'ordinaire on fait mourir les ſoldats Turcs, par la violence des coups de baſtons : ou aprés les auoir fait étrangler dans le bain du Roy, par la main de quelque Chrêtien,

la Mercy en Alger. 275

on les met morts dans vn facq, & on les va ietter à la Mer.

Ie diray icy par occafion que les femmes, ou filles qui font furprifes dans Alger commetans le peché de luxure, fi elles n'ont aucun puiffant protecteur, elles font condamnées à la mort. On les promene par la Ville, ayant les trippailles de quelque animal penduës au col, affifes fur vn Afne, & ayans le dos tourné contre la tefte de la befte; & aprés quelque tour de Ville, elles font conduites à la marine, ou les ayant fait auancer fur mer dans vn bafteau & leur ayant pendu vne groffe pierre auec vne corde à la ceinture, on les iette toutes viues dans l'eau.

Punition des filles & fémes déreglees.

Chapitre XXVI.

De la Religion des habitans d'Alger. De leur creance, prieres, & ceremonies, & des Marabous, qui sont leurs Prestres, & Religieux.

IL faudroit vn volume pour expliquer toutes les erreurs de l'Alcoran, & rapporter toutes les superstitions dont se seruent les Mahometans : mais mon dessein est de proposer seulement quelques fondemens de leur fausse creance. Ils tiennent, disent-ils, qu'il y à vn Dieu createur de l'vniuers, sans le secours duquel nous ne pouuons rien faire qui vaille. Ils ont souuent le nom de Dieu à la bouche, & si cette seule pronomination iustifioit les hommes plusieurs d'iceux seroient saints. Ils aduoüent que Iesus Christ à vescu, & qu'il est mort ; mais ils nient qu'il fut, & soit le Fils de Dieu. Comme ils sont ignorans, ils ne sçauent pas mettre de distinction entre l'humanité, & la diuinité du Fils de Dieu fait homme, d'où vient que de tout ce que Iesus-Christ s'attribuë à raison de l'humanité, ils en inferent auec les Arriens anciens ennemis de l'Eglise, que Iesus-Christ n'est pas Fils de Dieu, voulans donc qu'il soit vn pur Homme comme les autres. Sur ce malheureux & detestable fondement, ils établissent cette doctrine, que Dieu a enuoyé trois Prophetes, dont le premier a esté Moyse, Iesus-Christ le second, & Mahomet le troisiéme, que le premier a promulgué sa loy pour les Iuifs, Iesus-Christ pour les Chrétiens, & Mahomet pour les Turcs, Sarrasins, & autres : qu'aureste comme la Loy de Moyse estoit fort imparfaite à l'egard de celle de Iesus-Christ, comme estant annoncée par vn Prophe-

Extrauagant sentiment des Turcs touchant la Loy de Iesus-Christ & celle de Mahomet.

te dont la perfection n'approchoit pas de celle de Iesus Christ, qu'aussi dans la Loy des Chrétiens, il y à vn meslange d'imperfections, & que la seule Loy des Turcs est parfaite dont l'autheur Mahomet, est incomparablement plus parfait, & agreable à Dieu que Iesus Christ.

Ils se promettent vn Paradis, mais qui ne consistera qu'en plaisirs charnels: Ils ont grande reuerence pour le Liure de leur Loy, & parce qu'il est escrit sur du papier, s'ils en voyent en terre, ils le ramassent fort soigneusement. Quand leurs enfans ont neuf, ou dix ans, s'ils en ont plusieurs, ils les font tous circoncir à quelque feste solemnelle, & principalement à celle de la naissance de leur faux prophete.

Comme il est necessaire que dans toute religion il y ayt de temples, aussi ils ont leurs Mosquées, dans lesquelles il n'y à ny images, ny tableaux, mais seulement vne grande quantité de lampes allumées. On ne les appelle point à la priere auec le son des cloches, car il n'y en à point, mais en vingt-quatres heures vn Marabou, qui est vn de leurs prestres, les appelle cinq fois à la priere. Comme ils n'ont point d'horloges sonantes, il y à dans chaque Mosquée vne personne gagée, qui tient lieu de clerc, afin d'obseruer tousiours quelle heure il est. Le premier cry commance à la principale Mosquée, & ensuitte tous les autres Marabous en leurs Mosquées crient auec grande exactitude. On les inuite donc à aller à la Sala, ou à la priere, ou comme ils disent quelquesfois à la Messe, premierement au leuer de l'Aurore, qu'ils nomment CABAN, secondement à Midy qu'ils appellent DOHOR, troisiémement à quatre heures dites LAZER; quatriémement denant le coucher du Soleil qu'ils nomment MAGAREPPE; cinquiémement à deux heures de nuit, ce qu'ils appellent LATVMAR. Ores voicy

Commēt les Turcs sont appellés à la la Sala ou la priere.

comment se pratique cette ceremonie.

L'heure de la priere, ou de la Sala étant venuë, le Marabou ou prestre monte dessus la tour de la Mosquée, appellée communement Miüateler, il éleue auec vne corde à vne piece de bois qui ressemble à vne potence, vne banniere blanche, alors se tournant vers le midy, (parce que la Mecque, ou est le tombeau de Mahomet, est de ce côté-là) il se bouche les oreilles auec les doits, & criant de tout son possible, il fait des gêtes, & des grimasses, qui ne sont pas moins ridicules, qu'épouuantables, les paroles auec lesquelles se tournant des quatre côtés de la tour il inuite les Mahometans à la priere,

Auec quelles parolles les Turcs sont appellés à la Sala.

sont celles-cy, Lahilla Lah Mahomet Resoul, Allah, c'est à dire, Dieu est Dieu, & Mahomet son prophete est auprés de luy. A la priere, fideles. Aprés que diuerses fois il a épouuantablement crié, il descend la banniere, & va sans doute

doute se rendre dans la Mosquée, afin d'y attendre les turcs, alors soit de nuit, soit de iour plusieurs hommes, & garçons de toutes conditions vont à la Mosquée, où ils ne se découurent pas la teste, mais prennent les souliers à leurs mains se tenans pieds nuds. Le Marabou se met dans vne niche, qui est au bout de la Mosquée, & fait quantité de postures crotesques, & de singeries, & prononçant quelques paroles par formes de prieres ; & tous les assistans de ceux du Diuan se persuadent auancer beaucoup en imitant de point en point leur Marabou.

Ils font tous diuerses eleuations des mains, & de la teste vers le Ciel, aprés s'étre inclinés & puis baisé la terre beaucoup de fois, & s'étre auant tout laué la bouche, les narines, les oreilles, les mains, & l'extremité des pieds ; ce qui s'appelle ablution parmy ces gens grossiers, qui s'imaginent qu'en lauant leur

N n

corps ils purifient leurs saletés, & les ordures de leur ame, & parce qu'ils se lauent tousiours deuant que de prier, il y à des lauoirs, ou bains proche de toutes leurs Mosquées. Et d'autant qu'ils ne permettent pas aux femmes de venir dans les Mosquées pour la crainte qu'ils ont, que ces objets leur fassent naître quelques pensées impures, en même temps (comme l'ont rapporté plusieurs Esclaues) elles font la Sala en particulier dans leur chambre. Même on me fit remarquer dés le iour que nous arriuâmes à Alger, que le Bascha à sept, ou huit heures du soir faisoit la priere sur la terrasse de sa maison. Et quantité de fois sur les six heures du soir, i'ay veu des Soldats qui s'assembloient auec grãde modestie & faisoient sur la platte forme de leur Casserie pour leur priere toutes les ceremonies, qui ont esté cy-dessus rapportées. Châque Vendredy leur sert comme de Dimanche, & ce

De quelle façon les Turcs font la priere.

jour-là sur tout, ils vont à la Mosquée, & alors plusieurs marabous pour montrer la solemnité de la feste paroissent, & crient sur la tour. De sorte que dans la ville d'Alger, il y a trois Dimanches, le Vendredy pour les Turcs, le Samedy pour les Iuifs, & le iour suiuant pour les Chrêtiens.

Ces superstitieux se seruent d'vne certaine sorte de chappellet sans croix, qui est composé de cent grains, sur châcun desquels ils repetent ces paroles STAFBR LA, qui signifient, DIEV ME GARDE, ou bien, Dieu ayés pitié de moy. Cette priere leur est si commune, que quelques-vns, sur tout les Marabous des champs, ou leurs hermites portent au col leur chappellet, & le vont disant publiquement par les ruës : vn des escriuains de la maison du Roy le disoit souuent dans son Bureau, méme pendant que les Peres Redempteurs & autres parloient au Gouuerneur.

Cóment ils disent le chappelet.

Ils ont tant de respect pour les mosquées, qu'elles passent pour des lieux d'azile, & de refuge aussi bien que les maisons des Marabous, de sorte que les criminels y vont chercher leur seureté. Ces Marabous, sur tout ceux de dehors sont en grande veneration, il y a presse à leur baiser les mains ; tout ce qu'ils disent, est escouté comme des oracles, si allant par les ruës ils donnent quelque coup de bâton, on reçoit cette caresse pour vne faueur signalée. Les Dames quoy qu'elles sortent rarement, vont les voir à leurs petites mosquées, ou hermitages, elles leur portent de l'huile, & de la cire, recommandent à leurs prieres toutes les affaires difficiles de leur famille, & specialement si leur maris sont allés en course pour pyrater elles font instance, afin qu'on demande à Dieu qu'il ayent vn heureux retour, & qu'ils fassent plusieurs riches prises sur les Chrétiens.

les Turcs ont veneration pour les Marabous, & respect pour les Mosquées.

Il y à le chef de tous les Marabous, qui a droit de regler tout ce qui concerne le seruice des Mosquées, & de decider tous les cas difficiles de la Loy & de la Religion, & qui à venë sur les deportemens de ces faux Prestres. On les nomme le Moufti, il y à de bons appointemens, & à l'imitation des prelats, il a sous luy vn grand Vicaire, auquel le Moufti étant empéché, on à recours à l'entrée des Mosquées, il y à des escholes pour la ieunesse, & aussi ailleurs en quelques endroits de la Ville ; c'est le Moufti qui les établit les Maîtres, qu'on appelle étudians, & sçauans, & qui d'ordinaire ont pouuoir de chanter dans les Mosquées.

Iurisdiction du Moufti chef de tous les Marabous.

Ils obseruent auec de grandes ceremonies, & méme auec des processions, ou l'on porte des flambeaux ou cierges allumés, certaines festes solemnelles, comme celle de la naissance de Mahomet, & de Pasques. Alors ils se reconcilient auec leurs prochains, font de grandes aumônes, demeurent long-temps aux Mosquées, ou leurs Marabous se souuenans que c'est vne de leurs traditions, que quiconque tuë vn Chrétien, il sera sauué, dans quels deréglemens qu'il soit tombé, ils les exhortent de ne point donner de relasche aux Chrétiens Esclaues, de les faire trauailler sans cesse, & enfin de les assommer de coups.

Mauuaise exhortation des Marabous.

Ils gardent le Ramadan tous les ans, c'est à dire vn caresme de trente jours, durant tout vn cours de la Lune. Ils le commencent si-tost que l'on apperçoit les cornes du croissant de la nouuelle Lune, & le finissent lors que la Lune étant tout à son declin, on cesse de le voir. Durant ce temps, depuis l'aurore iusques à nuit close, il ne leur est licite de manger, ny de boire. Le Marabou criant le matin, & le soir sur la tour leur marque le temps du commancement, & de la fin de cette Lune qu'il y à obligatiõ; mais en re-

la Mercy en Alger.

compense ils peuuẽt se saouler toute la nuit, & tant à minuit que deux ou trois heures aprés; certains officiers courent les rues, frappent au portes, & excitent vn grand bruit, afin que l'on s'éueille, & que mangeant on vse de precaution pour pouuoir suporter l'abstinence durant tout le iour. Il y à de griefues peines contre ceux qui sont conuaincus d'auoir rompu le ieûne; mais les reniés qui pour la pluspart se mocquent en leur cœur de la Loy, & des obligations des Turcs, font aussi peu d'état de ce ieûne; & comme ils boiuent du vin contre la defense, quand ils preuoyent qu'il ne leur en arriuera aucun danger, de méme en particulier, & en secret, ils mangent à toute heure indifferemment durant le Ramadan. Plusieurs d'entr'eux ne pouuans quitter qu'auec peine leur ancienne façon de prier, ils recitent encore la creance, & diuerses oraisons en latin, se persuadans pour calmer leur conscience, & n'étre

Ramadã ou Careme des Turcs.

point gehennés de remords, qu'en toute Loy on se peut sauuer, sur tout quand on n'embrasse la secte de Mahomet qu'en apparence, & y étant contraint, par la violence, & force des coups.

Certains reniés se se ruent des prieres des Catholiques.

Quoy que l'auarice maîtrise les cœurs des Mahometans, d'où vient qu'ils ne pensent sans cesse qu'à s'enrichir en faisant de nouuelles prises sur les Chrêtiens, & qu'ils ne pouruoient point aux necessités publiques des pauures, des malades, & des estroppiats, laissans perir de disette, & misere, proche les portes de la Ville, les malades qui sont à l'extremité : Neantmoins ils se vantent fort d'être charitables, & quand par rencontre ils s'entretiennent auec les Chrêtiens, ils parlent auantageusement de la charité, & de l'aumône : parfois ils distribuent quelques Aspres, ou Realles aux pauures mendians, qui s'addressent à eux ; & quand il s'agit du rachapt de quelque Esclaue qui a leurs bonnes graces,

les Turcs se vantết d'être charitables.

ces, ils s'intereſſent pour ſa liberté, ils s'entremettent pour la procurer à meilleur prix, & parfois y contribuët quelque piaſtre, allegans que c'eſt vn bon œuure de s'employer afin qu'vn hôme retourne en ſon pays, auec ſa femme, & ſes enfans. Méme quelque fois pour reconoître, les bôs ſeruices qu'ils ont receuës de quelqu'vn de leurs Eſclaues, ils l'affranchiſſent au bout de quelques années, ou parfois à la mort en faiſant leur teſtament. Ores ſoit que l'Eſclaue ſoit racheté, ſoit que ſon patron l'affrâchiſſe gratuitement, on luy dône vn petit acte, qui fait foy de ſon affranchiſſemēt, ils l'apellent carte frâche. En cette derniere redemprion on m'en a mis en main, ou il n'y à que quatre ou cinq lignes d'écriture, mais ie trouue que cy-deuant on les donnoit auec cet ſtyle.

Honorable perſonne Chaban, &c. fils de &c. ſeruiteur de Dieu, & de ſon cher prophete des Muſſulmans, de qui vient toute force & aſſiſtance, a dôné pleine & entiere liberté à ſon

Modele de la carte franche d'vn Esclaue.

Captif Chrétien nõmé &c. François de nation, moyenãt la somme de &c. qu'il à receüe de luy en grands reaux de poids, & de valeur ; lequel Esclaue entr'autres marques est de couleur blanche ; aagé de tant d'années, de telle stature, ayant le poil tel, & tels yeux. Ce faisant il la affranchy de son Esclauage, de sorte qu'il n'est plus desormais assuietty qu'aux Princes & Gouuerneurs, que Dieu protege & ausquels est deüe de tous reconnoissance, obeïssance. Fait en Alger pardeuant moy CADY N. qui rends Iustice à tous par la vertu de celuy, qui ordonne tout au Ciel , & qui à donné son pouuoir à SVLTAN N. (Empereur des Princes, & tousiours victorieux tel iour de la Lune telle) l'an tel du Proph. des fideles.

Et au sceau qui s'imprime auec de l'ancre sur la lettre de frãchise, ce qui est écrit en langue Turque, signifie le sens de ces belles parolles, La bonté de mon Dieu est mon attente.

Si l'Esclaue affranchy ou par les Peres Redempteurs, où par son Patron veut retourner en son pays, en payant les portes, ou le droit de sortie il luy est permis. Mais si estant affranchy par qui que ce soit, il veut se faire Turc, on obserue la ceremonie que ie vais rapporter, aprés auoir fait remarquer, que ie dis, si estant affranchy; car si vn Esclaue Chrêtien sans estre affranchy embrasse la Loy de Mahomet, comme il continuë d'étre Esclaue, & seulement s'exempte de quelque rigoureux traitement qu'il souffroit étant Chrétien, à sa damnable profession de foy, il n'y à presque aucune ceremonie. Mais pour celuy, qui renie ayant obtenu sa liberté, voicy l'appareil qui se faict comme en reconnoissance de sa belle action pretenduë.

L'esclaue qui renie n'est pas exempt de captiuité.

Le Chrétien ayant témoigné qu'il desire renier étant en bonne compagnie il leue le doigt d'aprés le pouce vers le Ciel, pour témoigner par la qu'il ne croit qu'vn Dieu qui fait sa demeure dans les Cieux; & en méme temps faisant profession de sa detestable foy, il prononce ces paroles, La

Illah, Mahomet Reſſoul alla. qui ſignifient, Dieu eſt ſeul, & Mahomet ſon Prophete eſt auprés de luy. Incontinent on luy raſe tous les cheueux à la Mahometane, luy en laiſſât ſeulement vn petit flocon au haut de la teſte: Il quitte les habits à la mode des Chrêtiens, & en prend d'autre à la façon des Mahometans.

On l'habille le même iour, ou le lendemain, d'vne veſte de parade, on luy met ſur la teſte vn beau turban, & il monte ſur vn barbe richement caparaçonné. Eſtant en cette equipage, il fait diuers tours par la Ville tenant vne flèche toute droitte auec deux doigts, pour faire entendre qu'il veut deſormais combattre pour la loy & pour le turban. Il paſſa vn Anglois renié, auec tout cét appareil prés de la maiſon, ou logeoient les Peres Redempteurs de la Mercy: pluſieurs officiers, Chaoux, & gardes du Baſcha l'accompagnoient en cette pompe, tenans en main leurs Cimetterres nuds; & s'il fût arriué fortuitement à ce nouueau renegat de laiſſer tom-

Execrable ceremonie d'vn chrétien qui renie.

Vn Anglois heretique renié.

ber par terre la fléche qu'il tenoit, alors ils se seroient tous iettés sur luy, & l'auroient assommé à force de coups; le traitans comme s'il eût fait cette action en derision de la Loy.

On a aussi de coûtume en telle rencontre de faire vne quête (presentant à tous ceux qui se rencontrent des bassins) pour le nouuel apostat: même le Baicha luy faisoit present d'vne veste & d'vn caftan; mais à present cette liberalité est faite au renié aux dépens de la Doüanne.

Peu de iours aprés le renié étát desja couché dans le rolle pour receuoir la paye comme les autres Soldats, s'alla retirer dans vne casserie, ou selon la loy, il fût circoncis auec vn rasoir par vn Chirurgien d'estiné pour cette ceremonie. Il ne faut pas douter que la douleur, & la playe que luy causa la circoncision, ne l'ayent obligé à se mettre au lict, & à le garder peut'être plus de quinze iours, puisqu'vn malheureux Catholique imitateur de cét Anglois, au départ des Peres Redempteurs de la ville d'Alger, se trouuoit si mal d'auoir esté circoncis, que l'on n'atédoit plus que l'heure de sa mort.

Ceremonie d'vn Iuif qui renie.

La ressemblance du sujet me porte à dire vn mot de la ceremonie que pratiquent les Iuifs, lors qu'il s'enrollent sous le maudit étendart de Mahomet. Comme les Turcs tiennent qu'entre la loy de Moyse, & celle de Mahomet la loy enseignée par Iesus-Christ tiét le milieu, aussi obligent'ils les Iuifs de faire profession du Christianisme, deuant que de se soûmettre au iong de la Loy des Mussulmans, de sorte que les Iuifs premieremẽt mangent de la chair de porc, & aprés pronõcent hautement ces paroles, *Isha hac*, qui signifient, *Ie confesse que Iesus est le veritable Messie*. En suite de quoy ils leuent le doigt vers le ciel, & disent les paroles cy-dessus rapportées. Mais quoy que le Chrétien franc, qui renie ayt toute la solde, cóme vn Turc, le Iuif renegat n'en reçoit par Lune que la moitié

De tout ce qui est rapporté en ce recueil, i'infere que puisque les Turcs sont si rigoureux enuers les Principaux d'entre eux, qu'ils ne font pas difficulté de les mettre en pieces eux mémes à coups de bâtõs sans doute ils n'ont aucune douceur pour les Chrétiens; mais pluſtoſt dãs toutes les rencontres, ils les maltraittent iuſques à l'excés, dõt ces pauures gens se plaignoient sans ceſſe dans leur Eſclauage & ne peuuent encore aprés auoir recouuré la liberté en étouffer leurs reſſentimẽs: & que puis que ces Mahometans, en suite de leur endurciſſemẽt de cœur sont si paſſionnement attachés au progrés de leur religion, ils n'y à inuẽtion dont ils ne s'aduiſent, ny inhumanité qu'ils n'entreprénent pour détourner les pauures Chrétiens de la Foy Catholique, & les attirer au culte ſuperſtitieux de Mahomet ; & sur tout pour abuſer les simples enfans, & les ieunes hommes : dequoy preſque tous les Peres Redempteurs ont veu des exẽples à leur grand déplaiſir.

C'ét pourquoy ie redis encores que ceux auſquels Dieu a donné quelques commodités, ne peuuent pas en faire vne meilleure application, durãt leur vie, ou au moins quand la mort approche, que faisant de charités aux fideles Esclaues. Ils feroiẽt bien de pratiquer ce que S. Ambroise conseilloit aux ecclesiastiques en ces termes. *Aurum ecclesia habet non vt seruet, sed vt eroget, & subueniat in necessitatibus.* Duquel aduis auoit biẽ proffité le Bien-heureux Rembert Archeuêque de Breme, lequel conuaincu de la necessité de secourir les Esclaues, & sçachant qu'on le taxoit d'être prodigue des biens de l'Eglise en faueur des Captifs, disoit hardiment, & auec des sentimens d'vn cœur liberal. On à tort de me taxer d'impieté, si lorsque ie ne trouue pas d'autre expedient, ie rachepte vn Chrétien qui est Fils de Dieu auec les thresors de l'Eglise, & du prix de la vente des vases sacrés. D'autãt que nous trouuerõs tousiours le necessaire pour seruir à l'autel; mais si vn Chrétien accablé des miseres de la captiuité perd courage & abandonne sa profession, voyla vn dommage, qui ne se pourra pas reparer, *irrecuperabile verò dãnum est, si Christianus captiuitatis afflictione deficiat.*

FIN.

Marginalia:
Conseil que saint Ambroise donne aux Ecclesiastiques, & aux seculiers.

Belle sentence du bien-heureux Archeuêque Rembert en faueur des Esclaues.

www.ingramcontent.com/pod-product-compliance
Lightning Source LLC
Chambersburg PA
CBHW060452170426
43199CB00011B/1175